新編 生命の實相 第60巻

幸福篇

日輪めぐる

中

谷口雅春

Masaharu Taniguchi

光明思想社

編者はしがき

「石川啄木《たくぼく》はあれだけ才能ある歌人であったのに、なぜ貧しくかつ不幸であり、妻にまで裏切られたのであろうか。それは彼の歌にいかなる彼の心があらわれているかを見ればわかるのである。

　はたらけど働けどなおわがくらし楽にならざりじっと手を見る

この彼の有名なる歌には、人生の苦痛と貧しさとをじっと見つめている彼の心が『じっと手を見る』という動作の描写に集中されて実に巧みに表現効果を挙《あ》げているのである。しかしそのような彼の心そのものが、彼の貧窮と不幸との原因であったこ

とを彼は知らないのである」（はしがき）

歌人・石川啄木の「貧窮と不幸」は、啄木自身の心が現したものであった。啄木自身は「自分は決して『貧窮と不幸』など欲していない」と言うであろうが、啄木は心を集中して「貧窮と不幸」の自分自身を見詰め、さらに自分の掌《てのひら》の運命線が儚《はかな》いことまでも心に集中させていた。そしてその通りの「貧窮と不幸」が集中して啄木の身に生じたのである、と谷口雅春先生は喝破されている。

「病気や貧窮」がその人の身に起こるのは「その人の心の反映」であると、谷口雅春先生は常に説かれて来た。「心の法則を読者は知るだけでも幸福生活の第一歩を踏み出すのである」と本書の「はしがき」にあるように、「心の法則」こそ我々の生活が幸福となるか不幸となるかを左右する黄金律である。

この「心の法則」は、本文でも冒頭から述べられている。

「『三界は唯心の所現である。』釈迦のこの哲学が真実であるならば、心の法則を知ることは三界を自由に動かし、運命を自由に支配することとならざるを得ないのである。

『爾《なんじ》の信ずるが如くに爾にまでなれ』キリストのこの信仰が真実であるならば、信念の法則を知ることは環境を自由に支配し、肉体を思うまま健康にし、心に思うまま法悦と歓喜と平和を満たすところの唯一の鍵であるといわなければならない」（四頁）

「この世が不如意《ふにょい》に見えようとも吾々《われわれ》の実相《ほんとのすがた》は既に叶えられているのである。この真実《ほんとう》の相《すがた》を見れば心に歓喜が湧く。心に歓喜が湧けば、その心の歓びが形にあらわれて幸福な運命となる。（中略）

不平に思うからこそ『不平に思える事柄』が出て来ているのである。自分で自分に『不平』を製造しながら、神を恨んでいるような事では、幸福は来るものではない。『汝の信ずる如くに汝にまでなれ』である。

不平を心に思わねば、『不平に思える事柄は出て来ないのだ』といえば、『不平に思うべき事柄が無くなれば不平に思わずにいられますけれども、こんな面白くない事件ばかり起るのに不平に思わずにおれるものではありません』と普通の人はいう。そして毎日不平に思って、次の日にその思った『心の不平』が形にあらわれて『不平な事件』が突発する、そして、益々不平に思う――こうして、そういう人には不平と不幸とが循環輪廻《じゅんかんりんね》して尽くるところがないのである。

これは心の法則を知らぬからである。今眼の前に起っている形の不幸を、実際あると思っているから、歓《よろこ》ぼうと思っても歓べはしないし、不平が尽くることがない。不平は『不幸』の機関車を運転する石炭のようなものである。不平の罐《かま》を焚《た》いていながら、『不幸の機関車よ、運転するな』という事は出来ないのである。『それではどうしたら不平に思わずにいられますでしょうか。』

『今眼の前にあることは、過去に自分が思った念《おもい》が形にあらわれて消えて行くのだ、有難い』と思えば好いのである。そして、『今眼の前にどう現れていようとも、それは唯心《おもい》の所現《あらわれ》であって本当にあるのではない』(六～七頁)

自分の身の周りの出来事は自分の心とは全然別物であり、無関係であり、互いに独立しているものだ、そして、病気や不遇や逆境などは我が身に襲いかかってくる恐ろしい猛獣である、と多くの人は思っている。

しかし、谷口雅春先生は「不幸や貧窮や病気」と「自分の心」は二つのものではない、「肉体も周囲の出来事もすべて我が心の影である」と断言される。肉体も、境遇も、環境も心で自由に変えることが出来るのであり、この現実世界は心と外の世界とが対立している二元対立の世界ではなく、外の世界は我が心の影の世界であり、心の影である以上、我が心で外の世界を如何様《いかよう》にでも変えることができるのである。

これが谷口雅春先生が悟った真理であり、多くの人々に伝えてきた真理であり、その真理によって幾多の人々を不幸から幸福へ、病から健康へと救ってきた「救いの真理」であった。

そして、この「心の法則」をどのように使えば、我々の幸福人生が生まれるかを、谷口雅春先生は次のように述べておられる。

「吾々《われわれ》は『幸福』に人生を航海したいならば、『幸福』の方向にのみ自分の『人生』を進めたいならば、吾々は自分の人生の船長であるから『幸福』とのみ掛声《かけごえ》をかければよいのである。『幸福』『幸福』とのみ毎日掛声を掛けているならば、必ず自分の『人生』は幸福の方向に進んで行くに違いないのである。『健康』『健康』とのみ掛声を掛けているならば、必ず『健康』の方向にのみ自分の『人生』は進んで行くに違いないのである」(七四〜七五頁)

この「心の法則」の実践によって、人間は必ず幸福になる。必ず人生の勝利者になる。これは人類にとって絶大な福音である。

「人間は神の子である」という「縦の真理」とともに「現象界のすべてのものは心の影である」という「横の真理」を我が人生に存分に使いこなせば、すべての人々の上に明るい幸福生活が実現することは確実である。

是非、本書を熟読して頂ければ幸いである。

令和五年十一月吉日

谷口雅春著作編纂委員会

はしがき

本書《ほんしょ》は『生命《せいめい》の實相《じっそう》』全集第《ぜんしゅうだい》三十七巻《かん》「幸福篇《こうふくへん》」の続篇《ぞくへん》である。〝幸福《こうふく》論《ろん》〟は古くはエピクテータスの語録《ごろく》やセネカのそれや、アウレリアスの瞑想録《めいそうろく》や、近くはアランの〝幸福論〟に至《いた》るまで無数《むすう》にあるが、多くは〝あきらめ〟による心の平和《へいわ》を説《と》くか、神への忍従《にんじゅう》による魂《たましい》の平和を説いたものが多いのである。しかし『生命《せいめい》の實相《じっそう》』の幸福論は、〝あきらめ〟や〝忍従〟のような消極的《しょうきょくてき》な幸福ではなく、「欲《ほっ》するものを進んで取る」ところのもっと積極的《せっきょくてき》な幸福論である。多くの人々《ひとびと》が欲《ほっ》するものを得《う》ることができないで

はしがき　頭注版第三十八巻の「はしがき」

『生命の實相』　著者の主著。昭和七年一月に黒革表紙版が発行されてより各種各版が発行され、現在までに二千万部近くが発行されている

第三十七巻　頭注版では第五十九・六十巻。本全集第三十七巻。

エピクテータス　古代ギリシャのストア派の哲学者

セネカ　古代ローマのストア派の哲学者

アウレリアス　古代ローマの皇帝

アラン　主に二十世紀前半に活動したフランスの哲学者

忍従　我慢して服従すること

不幸《ふこう》であるのは「心の法則《ほうそく》」を知らないで、「物質界《ぶっしつかい》の法則」のみに頼《たよ》って幸福《こうふく》や繁栄《はんえい》を得《え》ようと努力《どりょく》しているからである。

一例《れい》を挙《あ》げれば、石川啄木《いしかわたくぼく》はあれだけ才能《さいのう》ある歌人《かじん》であったのに、なぜ貧《まず》しくかつ不幸であり、妻《つま》にまで裏切《うらぎ》られたのであろうか。それは彼《かれ》の歌にいかなる彼の心があらわれているかを見ればわかるのである。

　はたらけど働《はたら》けどなおわがくらし楽《らく》にならざりじっと手を見る

この彼の有名《ゆうめい》なる歌には、人生《じんせい》の苦痛《くつう》と貧《まず》しさとをじっと見つめている彼の心が「じっと手を見る」という動作《どうさ》の描写《びょうしゃ》に集中《しゅうちゅう》されて実《じつ》に巧《たく》みに表現《ひょうげん》効果《こうか》を挙《あ》げているのである。しかしそのような彼の心そのものが、彼の貧《ひん》窮《きゅう》と不幸との原因《げんいん》であったことを彼は知らないのである。試《こころ》みに本書《ほんしょ》の開巻《かいかん》第《だい》一、七月《がつ》一日《じつ》の章《しょう》を見られよ。

深海《しんかい》の中《なか》に棲《す》む魚《うお》は盲《めしい》である。暗《やみ》のみを心に思い浮かべているからである。

石川啄木　明治十九～四十五年。歌人、詩人。与謝野寛・晶子夫妻に師事。口語を交えた三行書きの短歌を詠んだ。病のため夭折した。歌集に『一握の砂』『悲しき玩具』などがある

はたらけど…　明治四十三年、東雲堂書店刊『一握の砂』の中の「我を愛する歌」の一首

開巻第一　ここでの「本書」は頭注版を指す。本全集の七月一日の章は本書九四頁

深海の…　この「はしがき」の掲載されている頭注版の表記のままとした

また、七月五日《いつか》の章《しょう》を見れば、

なんじの欲《ほっ》する事物《じぶつ》の上になんじの心を集注《しゅうちゅう》せよ。なんじの欲《ほっ》せざる事物の上になんじの心を集注してはならない。

と書かれている。石川啄木《いしかわたくぼく》は自己《じこ》の欲せざる貧乏《びんぼう》や不幸《ふこう》に心を集注し、その印象《いんしょう》をさらに深めるために掌《てのひら》の運命線《うんめいせん》の儚《はかな》さまでも心で見つめていたので、そのとおりの不幸、貧乏、病気等《びょうきとう》が集中《しゅうちゅう》して生《しょう》じたのである。この心の法則《ほうそく》を読者《どくしゃ》は知るだけでも幸福生活《こうふくせいかつ》の第《だい》一歩《ぽ》を踏《ふ》み出《だ》すのである。

この『生命《せいめい》の實相《じっそう》』の「幸福篇《こうふくへん》」は幸福《こうふく》になる心の法則を〝毎日《まいにち》の修養《しゅうよう》〟として日々《にちにち》その一章でも読んでもらいたいと、一年《ねん》三百六十五日《にち》に分けて編纂《へんさん》したもので、携帯《けいたい》に便《べん》するため一月《がつ》から六月までの各章《かくしょう》は前巻《ぜんかん》に収《おさ》め、七月から十二月までを本巻《ほんかん》に収めたものである。便宜上《べんぎじょう》、三百六十五日に分けてあるけれども、必《かなら》ずしもその日付《ひづけ》の章はその日に読まなければならないということはない。手当《てあ》たりしだいに披《ひら》いて出て来た章句《しょうく》が、あなたに

なんじの…　右項に同じ

集注　一つのところに集めること。集中

運命線　手相で中指の付け根に向かって立つ縦の筋

一月から六月まで　本全集では各四ヵ月ずつ計三巻に収めた

とって起死回生的《きしかいせいてき》な明るい影響《えいきょう》をあなたに及《およ》ぼすに相違《そうい》ないのである。あなたが偶然《ぐうぜん》にまたは誰《たれ》かの好意《こうい》で本書《ほんしょ》を手にされたことは、あなたが好運《こううん》の門を開《ひら》く鍵《かぎ》を手に入れられたことになるのであるから、一月《がつ》一日最初《じつさいしょ》の日《ひ》付《づけ》のところから、または今日《きょう》の日付のところから読まねばならぬことはない。思いたったが吉日《きちじつ》であり、披《ひら》いたページが吉祥《きっしょう》のページである。今日《きょう》から、心の法則《ほうそく》を十分《じゅうぶん》知るため開巻《かいかん》の最初の項《こう》から一度《ど》全部《ぜんぶ》読んでから、毎日数《まいにちすう》ページは読んで、運命好転《うんめいこうてん》の実《じつ》を挙《あ》げていただきたい。なお本書《ほんしょ》によって生長《せいちょう》の家《いえ》の哲学《てつがく》および心理学等《しんりがくとう》に興味《きょうみ》を覚えられたならば、『生命《せいめい》の實《じっ》相《そう》』第《だい》一巻《かん》から順次《じゅんじ》お読みいただきたい。あなたの運命はあなた自身《じしん》の掌中《しょうちゅう》にあるのです。

昭和四十一年十月十日

著者《ちょしゃ》しるす

起死回生　滅びかけているものや絶望的な状態のものを立ち直らせること

吉祥　めでたい兆し

幸福篇

日輪《にちりん》めぐる（中）

目次

第59巻・幸福篇　日輪めぐる（上）

一月　新《あらた》に生まる

二月　衣を更《か》えて

三月　弥々《いよいよ》生《お》うるいのち

四月　若葉寄り繁る

第61巻・幸福篇　日輪めぐる（下）

九月　苦難既に無し

十月　円満具足

十一月　更に新芽を含む

十二月　陳《ふる》きもの自《おのずか》ら謝《さ》る

凡例

一、本全集は、昭和四十五年〜昭和四十八年にわたって刊行された愛蔵版『生命の實相』全二十巻を底本とした。本書第六十巻は、愛蔵版第十九巻『幸福篇』を底本とした。

一、本文中、底本である愛蔵版とその他の各種各版の間で異同がある箇所は、頭注版、初版革表紙版、黒布表紙版等を参照しながら確定稿を定めた。

一、底本は正漢字・歴史的仮名遣いであるが、本全集は、一部例外を除き、常用漢字・現代仮名遣いに改めた。

一、現在、代名詞、接続詞、助詞等で使用する場合、ほとんど用いられない漢字は平仮名に改めた。

一、本文中、誤植の疑いがある箇所は、頭注版、初版革表紙版、黒布表紙版等各種各版を参照しながら適宜改めた。

一、本文中、語句の意味や内容に関して註釈が必要と思われる箇所は、頭注版を参照しつつ脚註として註を加えた。但し、底本の本文中に括弧で註がある場合は、例外を除き、その箇所のままとした。

一、聖書、仏典等の引用に関しては、明らかに原典と異なる箇所以外は底本のままとした。

一、頭注版『生命の實相』全四十巻が広く流布している現状に鑑み、本書の章見出し、小見出しの下の脚註部分に頭注版の同箇所の巻数・頁数を表示し、読者の便宜を図った。

一、本文と引用文との行間は、読み易さを考慮して通常よりも広くした。

一、本文中に出てくる書籍名、雑誌名はすべて二重カギに統一した。

幸福篇　日輪《にちりん》めぐる（中）

五月　陽《ひ》めぐりいず

五月一日

お山の杜鵑花《つつじ》が真盛《まさか》りである。万物《ばんぶつ》が私のために讃歌《さんか》を歌っている。讃歌の世界《せかい》、花葩《はなびら》の降《ふ》り濺《そそ》ぐ世界、この世界がそんな美しい世界だと知ったとき私はこのお山へ招《まね》かれて来たのである。

「三界《さんがい》は唯心《ゆいしん》の所現《しょげん》である。」釈迦《しゃか》のこの哲学《てつがく》が真実《しんじつ》であるならば、心の法《ほう》則《そく》を知ることは三界を自由《じゆう》に動かし、運命《うんめい》を自由に支配《しはい》することとならざるを得《え》ないのである。

「爾《なんじ》の信ずるが如《ごと》くに爾《なんじ》にまでなれ」キリストのこの信仰《しんこう》が真実であるならば、信念《しんねん》の法則を知ることは環境《かんきょう》を自由に支配し、肉体《にくたい》を思うまま健康《けんこう》にし、心に思うまま法悦《ほうえつ》と歓喜《かんき》と平和《へいわ》を満《み》たすところの唯一《ゆいいつ》の鍵《かぎ》であるといわなければならない。

心の法則なるかな。信念の法則なるかな。

頭注版㊲一二〇頁

お山 著者の東京移転後の自宅の愛称

三界は唯心の所現 一切衆生が輪廻する欲界・色界・無色界の三つの世界の全ての事象は心の現れであるということ

釈迦 紀元前四六三〜前三八三年頃。仏教の始祖。二十九歳で出家。苦行の末三十五歳で悟りを開いた

「爾の信ずるが…」 『新約聖書』「マタイ伝」第八章にあるキリストの言葉

キリスト キリスト教の始祖。紀元前四年頃〜紀元三十年頃。ナザレの大工ヨセフと妻マリアの子として生まれた。パレスチナで教えを宣布し、多くの奇蹟を起こした。ローマのユダヤ総督ピラトによって磔に処された

折角《せっかく》、光明真理《こうみょうしんり》に触《ふ》れたのであるから、もう一度《ど》この問題《もんだい》を復習《ふくしゅう》してみることは、これからの自分《じぶん》の生活《せいかつ》を確乎《かっこ》とした基礎《きそ》の上《うえ》に置くことになるのである。

五月二日

「『生命《せいめい》の實相《じっそう》』を読みましたけれども良人《おっと》の病気《びょうき》が治《なお》りませぬ。誌友《しゆう》になりましたけれども良人《おっと》の病気が治《なお》りませぬ……色々《いろいろ》の不幸《ふこう》が重《かさな》って出て来ようとしております。私《わたくし》は今迄《いままで》願《ねが》ったことは一《ひと》つも叶《かな》えて頂《いただ》けませんでしたけれども、これだけは是非《ぜひ》一つだけでも叶《かな》えて頂きたいと思うのでございます。それは良人《おっと》を今《いま》の位置《いち》から転任《てんにん》させて頂きたいことです。……」これが今日《きょう》来た或《あ》る夫人《ふじん》の手紙《てがみ》である。

こういう人《ひと》は『生命《せいめい》の實相《じっそう》』のどこを読んだのであろう。「既《すで》にすべてが叶《かな》えられているのが生命《せいめい》の実相《ほんとのすがた》である」というのが我々《われわれ》の教《おし》えである。地《ち》

法悦　真理に触れて心に生ずる喜び

頭注版㊲一二〇頁

誌友　狭くは月刊誌『生長の家』の読者を指し、広くは「生長の家」信徒を指す

上《じょう》の世界《せかい》が曇《くも》っているとも見え、雨が降《ふ》っているとも見えるにしても、太陽《たいよう》の本当《ほんとう》の相《すがた》は曇っていないのである。それと同じくこの世《よ》が不如意《ふにょい》に見えようとも吾々《われわれ》の実相《ほんとのすがた》は既《すで》に叶《かな》えられているのである。この真実《ほんとう》の相《すがた》を見れば心に歓喜《かんき》が湧《わ》く。心に歓喜が湧けば、その心の歓《よろこ》びが形《かたち》にあらわれて幸福《こうふく》な運命《うんめい》となる。この夫人《ふじん》は不平《ふへい》ばかりを「心」に思っているから、「三界《さんがい》は唯心《こころ》の所現《えがくところ》」という法則《ほうそく》により、不平に思えることばかりが現《あらわ》れて来るのである。

不平に思うからこそ「不平に思える事柄《ことがら》」が出て来ているのである。自分《じぶん》で自分に「不平」を製造《せいぞう》しながら、神を恨《うら》んでいるような事《こと》では、幸福は来るものではない。「汝《なんじ》の信ずる如《ごと》くに汝《なんじ》にまでなれ」である。

不平を心に思わねば、「不平に思える事柄は出て来ないのだ」といえば、「不平に思うべき事柄が無《な》くなれば不平に思わずにいられますけれども、こんな面白《おもしろ》くない事件《じけん》ばかり起《おこ》るのに不平に思わずにおれるものではありませ

不如意 思い通りにならないこと

ん」と普通《ふつう》の人《ひと》はいう。そして毎日不平《まいにちふへい》に思って、次の日にその思った「心の不平」が形《かたち》にあらわれて「不平な事件《じけん》」が突発《とっぱつ》する、そして、益々《ますます》不平に思う——こうして、そういう人には不平と不幸《ふこう》とが循環輪廻《じゅんかんりんね》して尽《つ》くるところがないのである。

　これは心の法則《ほうそく》を知らぬからである。今眼《いまめ》の前《まえ》に起《おこ》っている形の不幸を、実際《じっさい》あると思っているから、歓《よろこ》ぼうと思っても歓《よろこ》べはしないし、不平が尽くることがない。不平は「不幸」の機関車《きかんしゃ》を運転《うんてん》する石炭《せきたん》のようなものである。不平の罐《かま》を焚《た》いていながら、「不幸の機関車よ、運転するな」という事《こと》は出来《でき》ないのである。「それではどうしたら不平に思わずにいられますでしようか。」

「今眼《め》の前《まえ》にあることは、過去《かこ》に自分《じぶん》が思った念《おもい》が形にあらわれて消えて行《ゆ》くのだ、有難《ありがた》い」と思えば好《よ》いのである。そして、「今眼《め》の前にどう現《あらわ》れていようとも、それは唯心《おもい》の所現《あらわれ》であって本当《ほんとう》にあるのではない。本当には今

突発　突然に発生すること

輪廻　仏教語。肉体死後の霊魂が生まれ変わり、死に変わること

機関車　原動機の力で客車や貨車を牽引する鉄道車両。電気機関車・蒸気機関車・ディーゼル機関車など

罐　蒸気機関の主要部。密閉した鋼鉄の容器の中で燃料を燃焼させて高温・高圧の蒸気を得る装置。ボイラー

自分《じぶん》は、自分の良人《おっと》は、自分の子供《こども》は既《すで》に健康《けんこう》であり、幸福《こうふく》であるのだ……ああ、有難《ありがた》い！」と感謝《かんしゃ》する心になることである。心が万事《ばんじ》の本《もと》である。

五月三日

「太初《はじめ》に言《ことば》あり、言《ことば》は神なりき。万《よろず》のものこれによりて成《な》る」と「ヨハネ伝《でん》」の冒頭《ぼうとう》にある通《とお》り、言《ことば》が万事《ばんじ》の本《もと》である。言《ことば》というのは空気《くうき》の振動《しんどう》ばかりのことではない。心の振動も、顔《かお》の皮膚《ひふ》の振動も、身体《からだ》の態度《たいど》も、文章《ぶんしょう》も、手紙《てがみ》もすべてコトバである。しかし根本的《こんぽんてき》には心の振動が、言語《げんご》という空気の振動ともなり、表情《ひょうじょう》という顔の皮膚の振動ともなる。

見ゆる形《かたち》は、見えない心的《しんてき》エネルギーが現《あらわ》れたのである。

心を平和《へいわ》に、言葉に善《よ》きことのみを発《はっ》し、表情を明るくすることが大切《たいせつ》である。

頭注版㊲一二二頁

「ヨハネ伝」『新約聖書』中の第四福音書。使徒ヨハネの著作とも後世ヨハネの叙述を編纂したものともいわれる。著者に『ヨハネ傳講義』の著作がある

五月四日

頭注版㊲一一三頁

「虫の好《よ》い」という言葉がある。自分《じぶん》だけのことばかり考えて、人《ひと》のことを考えない利己主義者《りこしゅぎしゃ》の別名《べつめい》である。病気《びょうき》を治《なお》して欲《ほ》しいなどと訴《うった》えて来る人にこういう虫の好《よ》い人が多い。

利己主義者は全体生命《ぜんたいせいめい》と隔離《かくり》されているから、全体生命（大生命《だいせいめい》）が流《なが》れ込《こ》んで来ない。それが病気のもとなのである。

虫のよさはまた不平《ふへい》の本《もと》である。虫のよさが治《なお》ったら病気の三分《ぶん》の一位《くらい》は治《なお》るだろう。「あなたは利己主義だ」といわれてハッと気がついて神経衰弱《しんけいすいじゃく》の治《なお》った人がある。

神経衰弱　心身過労などを誘因として神経系統の働きが低下し、神経過敏・脱力感・不眠などの症状を呈する疾患。アメリカの医師G・M・ビアードが一八八〇年に初めて用いた用語

五月五日

頭注版㊲一一四頁

『生命《せいめい》の實相《じっそう》』全巻《ぜんかん》を読めば詳《くわ》しく回答《かいとう》のあることを、読まずにいて幾回《いくかい》で

も長文《ちょうぶん》の質問《しつもん》を列記《れっき》して返事《へんじ》を求めて来る人《ひと》がある。手紙《てがみ》で済《す》めば本は買わずに済むという経済観念《けいざいかんねん》でやってくる人には太刀打《たちうち》が出来《でき》ない。かかる人は人の時間《じかん》が幾何《いくばく》の価値《かち》がある物《もの》だか知らないのである。そのこと自身《じしん》が自己《こ》の心が病気《びょうき》であることを表《あらわ》している。そんな虫のよさを捨《す》てることが病気の心を捨てることである。

返信料《へんしんりょう》を封入《ふうにゅう》してあれば、回答《かいとう》を迫《せま》る権利《けんり》があるかのように思って、返事が遅《おく》れると怒号《どごう》して来る人もある。

返信料は郵政省《ゆうせいしょう》が収入《しゅうにゅう》する。私への手紙に対《たい》する私の返事は、返信料の報酬《ほうしゅう》として書かれるのではない。私の好意《こうい》によって、書かれるのである。しかも私だけが返事を書いていては、とても間《ま》に合《あ》わないので、回答係《かいとうがかり》があって返事を書いているのである。それでも肉筆《にくひつ》では、そして便箋幾枚《びんせんいくまい》の短文《たんぶん》では詳《くわ》しく説明《せつめい》し得《え》ないので、数《すう》百頁《ページ》の書籍《しょせき》に於《おい》て回答しているのである。地方《ちほう》へ派遣《はけん》する講師《こうし》、みんな回答係のようなものである。道場《どうじょう》は直接回答《ちょくせつかいとう》

列記　ならべて書きしるすこと

太刀打が出来ない　かなわない

怒号　怒って大声でどなること

郵政省　昭和二十四年から平成十二年まで郵政事業と電気通信に関する事務を担当した国の行政機関。平成十三年に総務省所管の日本郵政公社となった。平成十九年に民営化した

係《がかり》の詰所《つめしょ》である。回答係《かいとうがかり》の必要《ひつよう》がなかったら本部《ほんぶ》の建物《たてもの》も講師《こうし》組織《そしき》も皆《み》な不《ふ》要《よう》である。吾々《われわれ》は回答係に奉仕《ほうし》せしむるために毎月《まいつき》少なからぬ経費《けいひ》を支出《ししゅつ》しているのである。回答を求める人《ひと》はこれらの経費を分担《ぶんたん》しても好《よ》いはずだけれど請求《せいきゅう》したことはない。

生命《せいめい》の悟《さと》りに関《かん》することを、古人《こじん》は「生命《せいめい》」を抛《な》げ出《だ》して求めたのだ。今人《こんじん》は（その全《すべ》てではないが）返信料《へんしんりょう》だけで得《え》ようとする。ものは出しただけの値打《ねうち》である。

詰所　役人や係員などが出勤する所

今人　現在生きている人

五月六日

眼《め》に見える世界《せかい》は、吾々《われわれ》の心で造《つく》った第《だい》二創造《そうぞう》の世界である。その奥《おく》に神の心で造った第一創造の世界がある。

第一創造の世界は神の創造であるから曇《くも》ることはないが、第二創造の世界は自《みずか》らの心に従《したが》って曇ることがある。

頭注版㊲一二五頁

曇《くも》っても不平《ふへい》をいうまい。自分《じぶん》の心が曇ったのだから。

第《だい》一創造《そうぞう》の世界《せかい》は大宇宙《だいうちゅう》であり、第二創造の世界は小宇宙《しょううちゅう》である。神が大宇宙を造《つく》ったように、吾々《われわれ》は吾々《われわれ》の心で吾々《われわれ》の周囲《しゅうい》に小宇宙を造るのである。

思考《しこう》がものに化《な》る。念《こころ》がものに化《な》る。

五月七日

頭注版㊲一二五頁

人格《じんかく》の本質《ほんしつ》は「自由《じゆう》」ということである。それ故《ゆえ》に吾々《われわれ》は常《つね》に今《いま》あるよりも尚一層《なおいっそう》の自由を得《え》んことを念願《ねんがん》し、今あるよりも尚一層の自由を得《え》た時《とき》に幸福感《こうふくかん》を味《あじわ》い、今あるよりも自由が少《すく》なった時に不幸《ふこう》の感《かん》に打たれるのである。吾々《われわれ》は戦後《せんご》祖国《そこく》の民主化《みんしゅか》によって多くの自由を獲得《かくとく》したのである。しかし、吾々《われわれ》は外からの自由は得《え》たけれども内《うち》なる暴君《ぼうくん》「にせものの我《が》」の支《し》配下《はいか》にあって、完全《かんぜん》なる自由は中々《なかなか》得《え》ている者《もの》は少《すく》いのである。

この「内なる暴君」は地球上《ちきゅうじょう》の如何《いか》なる残虐《ざんぎゃく》の君主《くんしゅ》よりも尚苛酷《なおかこく》に吾《われ》ら

戦後　大東亜戦争終結後から今日までの時代
祖国の民主化　ここでは日本国憲法の公布等による統治体制の変化を指す
暴君　横暴な君主
苛酷　きびしくむごいさま

を苦しめるのである。そしてこの暴君《ぼうくん》の支配《しはい》を受ける時《とき》、吾々《われわれ》はみじめとなり、恐怖《きょうふ》にみたされ、猜疑《さいぎ》にさいなまれ、憤怒《ふんぬ》に傷《きず》つけられ、貪欲《とんよく》に蝕《むし》ばまれ、傲慢《ごうまん》によって自《みずか》ら傷《きず》つき、あらゆる不幸《ふこう》がおそいかかって来るのである。吾々《われわれ》はこの暴君の支配から脱《だっ》しない限《かぎ》りは真《しん》に自由《じゆう》を得《う》ることはできないのである。しかし真の人間《にんげん》である自分《じぶん》は決《けっ》してかかる暴君の奴隷《どれい》となって苦しめられるようにはできていないのである。吾々《われわれ》はこの真の自分を発見《はっけん》し、それに完全《かんぜん》なる自由を与えなければならないのである。真の自由を得《う》るには真《しん》理《り》を知ることが必要《ひつよう》なのである。だから、イエスは「真理は汝《なんじ》を自由ならしめん」といっているのである。

神は宇宙《うちゅう》の創造《そうぞう》の最後《さいご》の最高《さいこう》の完成者《かんせいしゃ》として人間を神の像《すがた》――換言《かんげん》すれば神の完全自由の具象化《ぐしょうか》――として造《つく》ったのである。そしてあらゆる万物《ばんぶつ》を支《し》配《はい》する権利《けんり》を与えられたのである。これが真の人間の使命《しめい》である。この使命を果《はた》す者《もの》が、完全な人間であるのである。その完全さを神想観《しんそうかん》によって自覚《じかく》

猜疑　他人の行為や言動を素直に受け取らずに、疑いやねたみをもつこと
さいなむ　苦しめる
憤怒　はげしく腹を立てること
貪欲　欲が非常に深いこと。仏教の「十悪」の第八番目
傲慢　驕り高ぶって人を侮り見下すこと
「真理は汝を…」　『新約聖書』「ヨハネ伝」第八章にあるイエスの言葉
具象化　形になってあらわれること
神想観　著者が啓示によって得た坐禅に似た観法

する時人間《ときにんげん》はその実相《じっそう》の完全《かんぜん》さを実現《じつげん》する事《こと》ができるのである。釈迦《しゃか》は『法《ほ》華経《けきょう》』に於《お》いて既《すで》に仏《ほとけ》であるところの人間を説《と》いたのである。自己《じこ》の内《うち》に宿《やど》るところの「真《しん》の人間」を自覚《じかく》する時あらゆる不完全《ふかんぜん》は消え去り、不調《ふちょう》和《わ》はなくなり、仏《ほとけ》即《すなわ》ち一切苦悩《いっさいくのう》から解脱《げだつ》したところの人間が成就《じょうじゅ》するのである。しかしその自覚を文字《もじ》の表面《ひょうめん》に触《ふ》れるだけですでに得《え》たりと思い、増上慢《ぞうじょうまん》に陥《おちい》ってはならないのである。正しき戒律《かいりつ》を守ることと、精進努力《しょうじんどりょく》と、禅定的工夫《ぜんじょうてきくふう》と、愛行《あいぎょう》と、忍辱《にんにく》と、真理《しんり》の書の読誦《とくじゅ》と、六波羅蜜《ろくはらみつ》の修《しゅ》行《ぎょう》とが必要《ひつよう》である。

五月八日

心でものを造《つく》るのは心の法則《ほうそく》に従《したが》うほかはない。病気《びょうき》を治《なお》そうと思えば、治《なお》るような心になるほかはない。人《ひと》に頼《たの》んでも、金《かね》を払《はら》っても、そんなことでどうにもなるわけではない。

『法華経』『妙法蓮華経』の略。大乗経典中最も高遠な教えが説かれているとされる

解脱 束縛から解き放たれて、悟りを得ること

増上慢 おごり高ぶっていばること

戒律 宗教上のおきてや生活規律

禅定 坐禅に同じ

忍辱 菩薩の六種の修行の一つ。迫害や侮辱を耐え忍んで心を動かさないこと

六波羅蜜 悟りの境地に至るための菩薩の六種類の修行。布施・持戒・忍辱・精進・禅定・般若(智慧)

頭注版㊲一二七頁

五月九日

我《が》が無《な》くならなければ、第《だい》一創造《そうぞう》の世界《せかい》は出て来ない。心でものを造《つく》るといっても、その頑張《がんば》っている心では駄目《だめ》だ。第二創造の世界を、第一創造の世界と同様《どうよう》の完全《かんぜん》な相《すがた》にするには、念《こころ》のレンズが「無我《むが》」即《すなわ》ち「素透《すどお》し」にならなければならぬ。「我《が》」のあることはレンズにそれだけ収差《しゅうさ》のあることで、第一創造の完全な世界がそれだけ歪《ゆが》んで、第二創造(模写《もしゃ》)の世界に現《あらわ》れて来ることである。

頭注版㊲一二七頁

頑張る　自分の考えを押し通すこと。我を張ること

収差　レンズなどで物体の像を作る時、像がぼやけたりゆがんだりすること

模写　まねて写すこと

五月十日

感謝《かんしゃ》する程度《ていど》に従《したが》って与えられ、不平《ふへい》を持つ程度に従って奪《うば》われる。

頭注版㊲一二八頁

五月十一日

第《だい》一創造《そうぞう》の世界《せかい》‖第二創造の世界。この二《ふた》つの世界を繋《つな》いでいる‖《パイプ》は想念《こころ》である。想念《こころ》は大きくなければ、第二創造の現象世界《げんしょうせかい》に完全《かんぜん》な状態《じょうたい》はあらわれない。

想念《こころ》は‖《パイプ》であるから、想念《こころ》で力《りき》んでみても何《なん》にもならない。凝念《ぎょうねん》は生《せい》長《ちょう》の家《いえ》の神想観《しんそうかん》ではない。‖《パイプ》を大きく持つのが神想観《しんそうかん》である。小さな事《こと》に興奮《こうふん》していることでは功徳《くどく》はないのである。

人相《にんそう》ではこの‖《パイプ》は眉間《みけん》にあらわれる。眉間《みけん》に剣《ケン》があったり、八の字が寄《よ》っていたり、凹《くぼ》んでいるようなことではいかぬ。

頭注版㊲一二八頁

凝念　思いをこらすこと。また、その思い

功徳　神仏の恵み。御利益(ごりやく)

眉間　眉と眉との間

剣がある　顔つきや言葉などがとげとげしいこと

五月十二日

病気《びょうき》の治《なお》るまでに、病気の雰囲気《ふんいき》を去ることが必要《ひつよう》である。雰囲気が病気

頭注版㊲一二九頁

を造《つく》り、雰囲気《ふんいき》が病気《びょうき》を癒《い》やす。幸運《こううん》の来るまでに幸運の雰囲気を作ることが必要《ひつよう》である。

部屋《へや》を浄《きよ》め、窓《まど》を開《ひら》き、硝子《ガラス》を拭《ふ》き、門前《もんぜん》を浄《きよ》め、よきお客様《きゃくさま》が来るような気持《きもち》でせっせと働《はたら》いておれば、幸運はたずねて来るのである。不運《ふうん》な人《ひと》に限《かぎ》って、ルンペンしか泊《とま》ってくれないような見苦《みぐる》しい雰囲気をその身辺《しんぺん》に作っている。

「床《とこ》を取上《とりあ》げて起きよ、而《しか》して、汝《なんじ》の周囲《しゅうい》を浄《きよ》めよ。」

五月十三日

『伝燈録《でんとうろく》』巻《かん》八、南泉普願《なんぜんふがん》の章《しょう》に「南泉《なんぜん》いわく、『老僧修行《ろうそうしゅぎょう》のちからなくして、鬼神《きじん》に覰見《ちょけん》せらる』」とある。南泉和尚《なんぜんおしょう》が修行の力《ちから》なくして鬼神《きじん》(霊界《れいかい》の諸霊《しょれい》たち)からまだ姿《すがた》が見えたので、鬼神《きじん》から色々《いろいろ》の霊力《れいりき》を授《さずか》っていたのを恥《は》じるというのである。人の病気を霊力《れいりょく》で治《なお》し得《え》たからとて、その人の心《しん》

ルンペン lumpen ドイツ語。収入がなく、ぼろをまとってうろつき歩く者。浮浪者

而して そうして

頭注版㊲一二九頁

『伝燈録』『景徳伝燈録』の略。三十巻。宋代の禅宗史書。道原編。過去七仏に始まる諸師一七〇一人の伝記と系譜を述べる

南泉普願 唐代の禅僧。『碧巌録』『無門関』等にある公案「南泉猫を斬る」で知られる。本全集第三十巻「宗教問答篇」下巻第六章参照

老僧 自分を指す

覰見 うかがい見る

境《きょう》が、そして又修行《またしゅぎょう》が素晴《すば》らしいというのではないという意味《いみ》である。道元禅師《どうげんぜんじ》は『正法眼蔵《しょうぼうげんぞう》』行持《ぎょうじ》の巻《まき》、五祖《そ》の章《しょう》に、このことを註釈《ちゅうしゃく》して「向来《こうらい》の仏祖《ぶっそ》のなかに、天《てん》の供養《くよう》をうくるおおし。しかあれども、すでに得道《とくどう》のとき、天眼《てんげん》およばず、鬼神《きじん》たよりなし。そのむねあきらむべし」と悟《さと》しておられるのである。今《いま》までの仏教《ぶっきょう》の教祖《きょうそ》のなかに、天人級《てんにんきゅう》の諸霊《しょれい》の供養《くよう》をうけて、色々神通力《いろいろじんずうりき》を発揮《はっき》した者《もの》もあるけれども、真実《しんじつ》、仏道《ぶつどう》の悟《さと》りを得《え》たならば、天人《てんにん》の霊眼《れいがん》にも見えないし、鬼神即《きじんすなわ》ち諸霊の憑《かか》り来《く》ることはない。その深き意義《いぎ》を明《あきら》かに考究《こうきゅう》せよという意味《いみ》である。色々の予言《よげん》が出来《でき》たり、病気治《びょうきなお》しが出来たり、天眼通《てんがんつう》がひらけたりするのは、或《あ》る階級《かいきゅう》の諸霊の感応《かんのう》によって得《え》られるのであるから、まだ最高級《さいこうきゅう》の悟りに達《たっ》していないのだから注意《ちゅうい》せよと道元禅師はいわれたのである。そして道元禅師は、五祖の章の結末《けつまつ》を「しるべし、無修《むしゅう》の鬼神《きじん》に覰見《ちょけん》せらるるは、修行のちからなきなり」と叱咤《しった》していられる。『生命《せいめい》の實相《じっそう》』第《だい》五巻《かん》の「霊界篇《れいかいへん》」にあるヴェッ

道元禅師　正治二〜建長五年。鎌倉時代初期の禅僧。日本曹洞宗の開祖

『正法眼蔵』　道元著。九十五巻。日本曹洞宗の根本宗典

五祖　禅宗の五祖弘忍が住んだ「五祖山」で修行した法演

向来　昔から今まで

供養　供え物や祈りを捧げること

得道　悟りを得ること。成道。悟道

天眼　何でも見通すことができる眼

あきらむ　明らかにする

考究　深く考えてきわめること

感応　心身が感じとり、反応すること

叱咤　しかること

第五巻　本全集では第十六〜十八巻「霊界篇」

ヴェッテリニ　「霊界篇」第一章で霊界の様子を語る霊魂の名。本全集第十六・十七巻「霊界篇」上・中巻参照

テリニの霊誥《れいこく》によっても、低級《ていきゅう》の霊《れい》は人間界《にんげんかい》の雰囲気《ふんいき》の近くに生活《せいかつ》しているから、現実界《げんじつかい》にあらわれる以前《いぜん》に地上《ちじょう》に渦巻《うずま》く雰囲気を感知《かんち》して、高級《こうきゅう》霊《れい》よりも一層《いっそう》よく予言《よげん》などが的中《てきちゅう》するのだと示されている。高級霊はおおむね地上の物事《ものごと》に執着《しゅうじゃく》しないから地上の人々《ひとびと》を訪《おとず》れることなく、概《おおむ》ね低級《ていきゅう》霊《れい》が地上の人々を訪れるのである――尤《もっと》もそれはそれぞれの霊的因縁《れいてきいんねん》によることであり、それぞれの使命《しめい》のあることであるが――従《したが》って霊感《れいかん》などがあまり多くあるということを慢心《まんしん》してはならないのである。むしろ霊感多き人《ひと》は南泉和尚《なんぜんおしょう》のように「老僧修行《ろうそうしゅぎょう》のちからなくして鬼神《きじん》に覰見《ちょけん》せらる」と修行の足らざるを反省《はんせい》すべきである。道元禅師《どうげんぜんじ》は、行持《ぎょうじ》の巻第《まきだい》十五に伽藍《がらん》の守護神《しゅごじん》が「われきく覚和尚《かくおしょう》この山に住《じゅう》すること十余年《よねん》なり。つねに寝堂《しんどう》に到《いた》りて和《お》尚《しょう》を見んとするに能《あた》わず」と嘆《なげ》いたと書いている。

霊誥　神霊や高級霊の教え示す言葉

因縁　物事が生ずる直接的原因である「因」と間接的条件である「縁」によって結果が生ずること

伽藍　寺院の建物

覚和尚　天童正覚和尚。宋代の曹洞宗の僧。諡号は宏智（わんし）禅師。公案を用いる臨済宗の「看話禅」に対して、公案を用いない「黙照禅・只管打坐」の曹洞宗の禅法を説いた

寝堂　禅宗で住職の居室

頭注版㊲一三一頁

五月十四日

すべては第《だい》一創造《そうぞう》の世界《せかい》にある。神に為残《しのこ》しはないから、すべては既《すで》に与えられているのである。それだのに吾々《われわれ》にまでそれが現象世界《げんしょうせかい》に与えられないのは「因縁《いんねん》の法則《ほうそく》」によるのである。従《したが》って「因縁《いんねん》の法則」とは既《すで》に与えられたるものからマイナスする法則であるともいえる。

「因縁《いんねん》、因縁《いんねん》」といっている者《もの》が却《かえ》って因縁《いんねん》に縛《しば》られて不幸《ふこう》が絶《た》えないのも「因縁《いんねん》の法則」とは「マイナスの法則」であるからである。それは「雲《くも》の法則」であり、それに引っかかるだけ太陽《たいよう》の光《ひかり》は鈍《にぶ》くなるのである。

生命《せいめい》の実相《じっそう》の悟《さと》りとは、雲を一躍《いちやく》して太陽光線《たいようこうせん》の世界へ跳入《ちょうにゅう》することである。

もうその世界には雲もなければ、因縁《いんねん》もない。ただあるものは第一創造の完全世界《かんぜんせかい》ばかりである。

一躍　一足とびに
跳入　とび入ること

五月十五日

「理念《りねん》」――眼《め》には見えないが儼然《げんぜん》と存在《そんざい》する心的模型《しんてきもけい》というものが、あらかじめ存在するのでなければ、一粒《ひとつぶ》の朝顔《あさがお》の種子《たね》から、何枚《なんまい》葉が生《しょう》じても同じ朝顔の葉の組織紋理《そしきもんり》になっているという理由《りゆう》が立たない。無論《むろん》、理念は目に見えないから空間的《くうかんてき》広がりを超越《ちょうえつ》している。従《したが》ってそれが空間的広がりの世界《せかい》に、形《かたち》の世界に、朝顔の葉として出て来る場合《ばあい》には、大きい朝顔の葉もあれば、小さい朝顔の葉もある。しかし空間的な大小《だいしょう》を超越した朝顔の葉としての理念は、どんな大きい葉にも、どんな小さい葉の組織紋理《そしきもんり》にも顕《あらわ》れているのである。

理念に形はないというのは間違《まちがい》である。理念は、空間的大小《くうかんてきだいしょう》と時間的先後《じかんてきせんご》を超越して存在する「組織紋理《そしきもんり》」そのものである。理念は「無《む》」ではない。朝顔の葉の理念は、朝顔の葉が枯《か》れてしまった後《のち》にもそのまま金剛不壊《こんごうふえ》

頭注版㊲一三二頁

理念　ある物事がどうあるべきかという根本的な考え

儼然　おごそかで重々しいさま

紋理　表面にある模様やすじ

金剛不壊「金剛」はダイヤモンド。非常に堅固でどんなものにも壊されないこと

に滅《ほろ》びない存在《そんざい》であるから、また次の夏が来れば同一組織紋理《どういつそしきもんり》の形《かたち》をあらわすのである。

五月十六日

宇宙《うちゅう》にあるあらゆる理念《りねん》のうち全包容的最高理念《ぜんほうようてきさいこうりねん》が人間《にんげん》である。だから人間は万物《ばんぶつ》を従《したが》わせ、万物を生かし、万物をその使命《しめい》のところに配置《はいち》する権能《けんのう》を有《ゆう》するのである。

人間が人間としての価値《かち》と存在の意義《いぎ》は、自己選択《じこせんたく》をなし得《う》るということにあるのである。万物を従わせるとは、自己選択をなし得《う》ることである。曰《いわ》く、想念《そうねん》の自由《じゆう》、感情《かんじょう》の自由、意志《いし》の自由、言葉の自由、行動《こうどう》の自由ということである。毎日《まいにち》、毎時《まいじ》、毎分《まいふん》、毎秒毎瞬《まいびょうまいしゅん》、吾々《われわれ》は何《なに》を想《おも》うか、如何《いか》なる感情を起《おこ》すか、何《なに》を意志するか、何《なに》を言論《げんろん》するか、何《なに》を行動するかの自由を持っているのである。その自由の故《ゆえ》にこそ人間の尊厳《そんげん》が存在するのであ

頭注版㊲一三二頁

全包容的　すべてを包みいれるような

権能　権限と能力

る。かくの如《ごと》き自由《じゆう》は機械《きかい》には勿論《もちろん》、単《たん》なる動物《どうぶつ》にすら存在《そんざい》しないところのものである。然《しか》らば諸君《しょくん》は先《ま》ず何《なに》を想念《そうねん》すべきであろうか。悪《あく》を想念するならば、悪《あく》は現象《げんしょう》し来《きた》るであろう。善《ぜん》を想念するならば、善《ぜん》は現象し来《きた》るであろう。病気《びょうき》を想念するならば、病気は現象し来《きた》るであろう。戦争《せんそう》や敵意《てきい》を想念するならば戦争や敵意は現象し来《きた》るであろう。平和《へいわ》のみ善意《ぜんい》のみ想念するならば平和のみ善意のみが現象し来《きた》るであろう。釈尊《しゃくそん》は人生《じんせい》の諸々《もろもろ》の苦しみを解脱《げだつ》する八《やっ》つの道《みち》を八聖道《しょうどう》として教《おし》えたのであるが、その最初《さいしょ》に置いたのは正見《しょうけん》と正思惟《しょうしい》とであった。正見《しょうけん》とは正しき見解《けんかい》――正しき世界観《せかいかん》の確立《かくりつ》である。この世界《せかい》は有情非情《うじょうひじょう》同時成道《どうじじょうどう》・山川草木《さんせんそうもく》国土《こくど》悉皆成仏《しっかいじょうぶつ》の世界であり、すべて仏心《ぶっしん》の展開《てんかい》せる世界であって悪《あく》は存在しないとの正しき見解の確立である。すべての人間《にんげん》は既《すで》に成《な》れる仏《ほとけ》であって完全《かんぜん》なる自由を有《ゆう》するとの正しき人間観《にんげんかん》の確立である。かくて正しき世界観人生観《じんせいかん》立ってのち、吾《われ》らは想念の自由によって正しくその真理《しんり》を思惟《しい》しなければならない。また

現象　形をとってあらわれること

釈尊　釈迦の尊称

八聖道　仏教の基本的な八種の実践徳目。正見、正思惟、正語、正業、正命、正精進、正念、正定

思惟　考えをめぐらすこと

吾《われ》らは言葉の自由《じゆう》によって正しくその真理《しんり》を表現《ひょうげん》しなければならない。もし吾《われ》らが正しき世界観《せかいかん》、人生観《じんせいかん》に到着《とうちゃく》していようとも、正しく想念《そうねん》せず、正しく善《よ》き言葉のみを発《はっ》しないときには、吾《われ》らの人生《じんせい》は不幸《ふこう》にみちたものとなり、吾《われ》らの住む世界《せかい》は悲惨憂苦《ひさんゆうく》みち満《み》ちたものとなるほかはないのである。吾《われ》らの人生が幸福《こうふく》なものとなるか、不幸なものとなるかは、吾《われ》らの想念と言葉が何《なに》を表現するかによって定《き》まるのである。人類《じんるい》の霊魂《れいこん》なお稚《おさな》くして何《なに》を想念すべきか、何《なに》を言葉に表現すべきかを知らず、いたずらに敵意《てきい》ある世界を心に描《えが》き、(正見《しょうけん》の反対《はんたい》の邪見《じゃけん》である。)互《たがい》に悪想念《あくそうねん》と悪感情《あくかんじょう》とをそそり、言葉に敵意を表現するを以《も》って足れりとなす。その行《ゆ》く処《ところ》や悲惨なる末路《まつろ》なるべきは、およそ「心の法則《ほうそく》」によって、然《しか》らざるを得《え》ないのである。人間《にんげん》の霊魂よ進歩《しんぽ》せよ。高級《こうきゅう》の霊魂は今後《こんご》の世界の推移《すいい》を如何《いか》に見るか。吾《われ》らはここに人生の深き指針《ししん》として『生命《せいめい》の實相《じっそう》』第《だい》五巻《かん》「霊界《れいかい》と死後《しご》の生活篇《せいかつへん》」を世《よ》に送り、霊《たましい》の向上《こうじょう》の必須要件《ひっすようけん》を説《と》くと共《とも》に、今後の世界の

憂苦　悲しみや心配で苦しむこと

邪見　間違った考え

末路　一生の終わり

然らざるを得ない　そうならなわけにはゆかない

推移《すいい》を示す指標《しひょう》とするものである。

五月十七日

おかげが無《な》いという人々《ひとびと》よ。先《ま》ず全《すべ》ての人々と和《わ》せよ。他《ひと》をも赦《ゆる》し、自分《じぶん》をも赦《ゆる》せ。そして再《ふたた》び罪《つみ》を犯《おか》すことなかれ。罪を罪と知ったとき、もう汝《なんじ》の罪は消えたのである。

「和《わ》」の足らぬ心を「おかげの無《な》い心」という。その不平《ふへい》の心がまたしても「和《わ》」のない心である。「和《わ》」とは実相《じっそう》の完全《かんぜん》さを「そのまま受取《うけと》る心」である。

現象《げんしょう》を見てグズグズいう心は「和《わ》」ではない。神の創造《つく》り給《たま》える世界《せかい》に「悪《あく》」はないと「そのまま受ける心」が「和《わ》」なのである。

一切《いっさい》の事物《じぶつ》はそのままで調和《ちょうわ》しているのである。調和していないが如《ごと》く見えるのは仮現《かげん》に過《す》ぎない。

指標　物事を指し示す目じるしとなるもの
頭注版㊲一三四頁

仮現　仮にあらわれていること

何《なん》にも実在《じつざい》の世界《せかい》に於《お》て「悪い」ものは無《な》い。

五月十八日

神は自己自身《じこじしん》を実現《じつげん》するために「我《われ》」を創造《つく》り給《たま》うたのであると信ぜよ。而《しか》して我《わ》が欲《ほっ》することは神御自身《かみごじしん》が実現するために必要《ひつよう》なことであると信ぜよ。

これが信念《しんねん》の世界に於《お》て、神と自己《じこ》とが一《ひと》つに成《な》る道《みち》である。我《わ》が欲《ほっ》することを神が嘉《よみ》し給《たま》うかどうか判《わか》らないなどとは思うな。「我《われ》」が欲《ほっ》することは神の嘉《よみ》し給《たま》うところのことであると信ずるために第《だい》一に必要《ひつよう》な条件《じょうけん》は、「個我《こが》」を一旦《いったん》破壊《はかい》してしまわなければならぬ。自分《じぶん》が先《ま》ず「公的《こうてき》な存在《そんざい》」になってしまっておくことが前提《ぜんてい》である。「我《われ》」というものが「公的な存在」になっていないでいながら、「我《わ》が欲《ほっ》するところのものは神が必《かなら》ず成就《じょうじゅ》し給《たま》う処《ところ》だ」などと信じても、或《あ》る程度《ていど》ま

頭注版㊲一三五頁

嘉する　よしとしてほめたたえる

個我　他者と区別された自我

では信念《しんねん》の力《ちから》で押し切れるが、ナポレオンのように最後《さいご》にウオーターローの戦《たたかい》で敗《やぶ》れるだろう。

自分《じぶん》を「公《おおやけ》な存在《そんざい》」に常《つね》に置換《おきか》えること。一度《ど》「公《おおやけ》な存在」に置換《おきか》えておいても、いつの間《ま》にか「私的《してき》な存在」に置換《おきか》わっていることがあるから注《ちゅう》意《い》せよ。

五月十九日

我《われ》が「公的《こうてき》なる存在」なるとき、なくてならぬものは必《かなら》ず与えられるのである。否《いな》、既《すで》に与えられているものが、「公的精神《こうてきせいしん》」即《すなわ》ち「利己的偏寄《りこてきゆがみ》なきレンズ」となるが故《ゆえ》に、それがそのままそこに現《あらわ》れ出《で》るのである。

頭注版㊲一三六頁

五月二十日

すべての準備《じゅんび》は眼《め》に視《み》えぬ世界《せかい》に神が既《すで》に調《ととの》えていて下《くだ》さるのである。そ

頭注版㊲一三六頁

ナポレオン Napoleon Bonaparte 一七六九〜一八二一年。フランスの軍人・政治家。フランス第一帝政の皇帝。フランス革命後の混乱を収拾して軍事独裁政権を樹立した。ヨーロッパ大陸の大半を勢力下に置いたが、最終的に失脚した

ウオーターローの戦 「ワーテルローの戦い」の英語読み。一八一五年、ナポレオン一世が英・オランダ・プロイセン連合軍と戦った戦争。ナポレオンは大敗を喫した

れが必要《ひつよう》に従《したが》って現象界《げんしょうかい》に浮《うか》び出《い》でるのである。
自分《じぶん》にとって不利《ふり》なことは何一《なにひと》つ顕《あらわ》れない。皆《み》な善《よ》いことばかりである。
それを信ぜよ。
損《そん》というものは一つもない。
恐怖《きょうふ》すべき何物《なにもの》もない。
ただ吾々《われわれ》には獲得《かくとく》のみがあるのである。

五月二十一日

幸福《こうふく》であるためには「愛」の心を持たなければならない。「愛」の心を持つとき、そこが即《すなわ》ち天国《てんごく》である。

万象《ばんしょう》は神の愛の顕《あらわ》れだと見ることが出来《でき》る。太陽《たいよう》は吾々《われわれ》を温《あたた》めてくれるし、水は吾々《われわれ》の渇《かわ》きを医《いや》してくれるのである。植物《しょくぶつ》は吾々《われわれ》に衣食住《いしょくじゅう》を与えてくれる。吾《われ》らの眼《め》、耳、鼻、口、皮膚《ひふ》、手、足、内臓《ないぞう》——そしてあらゆる

頭注版㊲一三七頁

万象　ありとあらゆるもの

もの悉《ことごと》く神の愛である。空気《くうき》は吾々《われわれ》を取《と》り巻《ま》いて生かしてくれる。ああ空気――有《あ》りがとう。ああ太陽《たいよう》――ありがとう。ああ眼《め》、耳、鼻、口、皮膚《ひふ》、手、足ありがとう。そのうちのどれかがまだ不完全《ふかんぜん》であっても、それはただの小部分《しょうぶぶん》に過《す》ぎないのだ。吾々《われわれ》は神の愛に包《つつ》まれているではないか。数《かぞ》え切《き》れない神の愛の中《なか》に包まれていながら、ただ一《ひと》つ二《ふた》つの不足《ふそく》についで不平《ふへい》をいうような心は功徳《くどく》を得《う》る心ではない。先《ま》ず感謝《かんしゃ》しなければならない。又《また》、そんなに神の愛に包まれていることを思えば、先《ま》ず吾《われ》らはすべての物《もの》に愛を注《そそ》がねばならない。愛するということは幸福《こうふく》の初《はじめ》である。

頭注版㊲一三八頁

五月二十二日

すべての人《ひと》は我《わ》がために遣《つか》わしたまえる兄弟《きょうだい》である。一人《ひとり》も吾《わ》れに対《むか》って害心《がいしん》を持つ者《もの》はこの世《よ》にないのである。もし害心をも

害心　人に害を加えようとする心

って吾《わ》れに挑《いど》んでくるものがあったならば、自分《じぶん》が害心《がいしん》を心に描《えが》いた反映《はんえい》であって、そんなものは本来無《ほんらいな》いのである。

五月二十三日

一物《いちもつ》といえども、我《われ》に害《がい》を与える物《もの》はない。神は吾《わ》れに害を与える物《もの》を未《いま》だかつて創造《つく》ったことがないのである。

火も、水も、石も、瓦《かわら》も、土も一切《いっさい》は我《われ》を生かすために存在《そんざい》する。もしそれが我《われ》に害を与えるならば、それは我《われ》がそれに逆《さか》らったためである。

「和《わ》」のあるところに害はない。

況《いわ》んや「食物《しょくもつ》」が吾々《われわれ》に害するなどということはない。

胃腸《いちょうびょう》病の人《ひと》に限《かぎ》って、食物《しょくもつ》が人間《にんげん》を害するように思っているが、そういう逆《さか》らう心で、「食物《しょくもつ》に対《たい》する和《わ》」を失っているから、胃腸病になるのである。

頭注版㊲一三八頁

況んや　まして

五月二十四日

「我《が》」の心には大《たい》した力《ちから》はない。心臓《しんぞう》は「我《が》」の心が眠《ねむ》ってからも搏《う》っているが、「我《が》」の心が、一分間《ぷんかん》に幾回搏《いくかいう》たせようと思っても思うように心臓の鼓動《こどう》を支配《しはい》し得《う》るものではない。脳髄《のうずい》の心はそんなに力のあるものではない。脳髄の出来《でき》る迄《まで》に在《あ》る不思議《ふしぎ》な心が血管《けっかん》をつくり、心臓をつくり、脳髄をつくったのである。「脳髄以前《のうずいいぜん》の心」が「理念《りねん》」である。その「理念」がフィルムである。フィルムの前《まえ》に色々《いろいろ》の条件《じょうけん》が与えられて映画《えいが》は銀幕《ぎんまく》に映《うつ》るのである。この「色々の条件」とは「両親《りょうしん》」であったり、色々の環境《かんきょう》であったりする。しかしフィルムにないことは映らないが、条件に従《したが》ってフィルムそのままも映らない。大きく映ったり、小さく映ったり、鮮明《せんめい》であったり、ボケたりする――これが現象《げんしょう》の肉体《にくたい》である。

両親から独立《どくりつ》して後《のち》は、自分《じぶん》の肉体現象《にくたいげんしょう》は自分で調節《ちょうせつ》する「念《ねん》のレン

頭注版㊲一三九頁

フィルム　デジタル映像が普及する以前の映画は、印画液で現像したフィルムを映写機にかけて上映していた
銀幕　スクリーン

ズ」の絞《しぼ》りや、露出《ろしゅつ》でその鮮明度《せんめいど》を加減《かげん》することが出来《でき》るのである。

五月二十五日

肉体《にくたい》に再生力《さいせいりょく》があるのは、フィルムが儼然《げんぜん》として存在《そんざい》して、適当《てきとう》な条件《じょうけん》を与えれば、フィルムの現画《げんが》と同様《どうよう》に再現《さいげん》すると同様である。食物《しょくもつ》や空気《くうき》や日光《にっこう》はその「適当な条件」と見ることが出来るであろう。薬物《やくぶつ》さえもこの「適当な条件」の一種《いっしゅ》だと見做《みな》すことが出来るのである。だから特効薬《とっこうやく》などという効力確定《こうりょくかくてい》の薬物に生長《せいちょう》の家《いえ》は反対《はんたい》するのではない。しかしすべては、理念《コトバ》が創造《そうぞう》したのであるから、「適当な条件」さえも、その条件が他《ほか》から与えられない場合《ばあい》には、理念自身《りねんじしん》が内部《ないぶ》から創造し得《う》るのである。生長の家が反対するのは、人間《にんげん》は外来《がいらい》の条件にのみ左右《さゆう》せられるというような「自己無力《じこむりょく》」の信念の足りなさと、特効薬でもないのに特効薬の如《ごと》く信じて倚《よ》り頼《たよ》ろうとする愚《おろ》かなる人間の弱点《じゃくてん》とである。

絞り 光学器械で、レンズや鏡の前に置かれ、開口部の面積を加減して入射光線の量を制限する装置

露出 写真撮影で、レンズのシャッターを開閉してフィルムに感光させること。露光

頭注版㊲一四〇頁

特効薬 ある特定の病気に著しい効果の或る薬物

吾々《われわれ》は太陽《たいよう》のない国《くに》に置かれてさえも、心で太陽を創造《そうぞう》して自己《じこ》の住む世《せ》界《かい》を明るくして見せるという程《ほど》の自信《じしん》を有《も》たねばならぬ。

人間《にんげん》は信念《しんねん》だけの値打《ねうち》である。

五月二十六日

内《うち》から発現《はつげん》するのが時代《じだい》の流れである。時代によって精神《せいしん》が左右《さゆう》せられるのではない。社会的《しゃかいてき》地盤《じばん》から精神が生《う》まれてくるのではなく、内《うち》から理想《りそう》は層《そう》一層完全《いっそうかんぜん》なる形態《けいたい》に顕《あらわ》れようとして時代をつくり、社会的構成《しゃかいてきこうせい》を変えて行《ゆ》くのである。

五月二十七日

偏狭《へんきょう》をもって日本精神《にっぽんせいしん》だと思ってはならない。一切包容《いっさいほうよう》のスッポリ一枚《まい》の衣《ころも》で全身《ぜんしん》を覆《おお》うのが日本精神《にっぽんせいしん》である。太陽光線《たいようこうせん》は無色《むしょく》だといっても、赤外《せきがい》

頭注版㊲一四一頁

発現　あらわれ出ること

層一層　「一層」を強めて言う語。一段と。さらに

頭注版㊲一四一頁

偏狭　他を受け入れる度量が狭いこと。偏狭

赤外線　太陽から受ける電磁波のうち、人間の目に見える光である可視光線よりも波長の長いもの

線《せん》や紫外線《しがいせん》の無色《むしょく》とは異《ちが》う。赤外線《せきがいせん》や紫外線の無色光線《むしょくこうせん》の中《なか》には有色光線《ゆうしょくこうせん》は含《ふく》まれていないが、太陽《たいよう》の無色光線の中《なか》には一切《いっさい》の有色光線も無色光線も含まれているのである。

日本《にっぽん》は太陽の国《くに》である。太陽が一切の光線《こうせん》を包容《ほうよう》して無色であるように、一切の宗教《しゅうきょう》を包容しつつ、無色に同化《どうか》し得《う》るのが日本神《にっぽんかん》ながらの道《みち》でなければならない。

仏教《ぶっきょう》やキリスト教《きょう》を包容して太陽の道を伝える生長《せいちょう》の家《いえ》が日本《にっぽん》に生《うま》れたのも由緒《ゆいしょ》あることである。

五月二十八日

吾々《われわれ》の魂《たましい》の底《そこ》なる希望《きぼう》を実現《じつげん》する祈《いの》りを、紙《かみ》に書いて神に訴《うった》えるようにする時《とき》、その祈りの実現性《じつげんせい》が一層《いっそう》多くなるということはグレン・クラーク教授《きょうじゅ》の著書《ちょしょ》の中《なか》にも書かれている事実《じじつ》である。生長《せいちょう》の家《いえ》の信徒《しんと》の中《なか》にも欲《ほっ》

紫外線　太陽から受ける電磁波のうち、人間の目に見える光である可視光線よりも波長の短いもの

有色光線　電磁波のうち、人間の目に感じることのできる光線。可視光線。波長の長い順に赤、橙、黄、緑、青、藍、紫の七色

包容　包みいれる

日本神ながらの道　日本古来の神の道。神道

由緒　立派な歴史。今に至るまでに経てきた筋道

頭注版㊲一四二頁

グレン・クラーク教授　Glenn Clark 一八八二～一九五六年。米国の光明思想家。谷口雅春著『善と福との実現』第九章「『牝鹿の脚』の話」及び第十三章等に紹介されている

する事物《じぶつ》を紙に書いて壁間《へきかん》に掲《かか》げ置《お》き、常《つね》にそれを眺《なが》めて、その既《すで》に成就《じょうじゅ》せる有様《ありさま》を心に描《えが》いて感謝《かんしゃ》する気持《きもち》を起《おこ》しているとき、その希望《きぼう》が成就せる実例《じつれい》は随分《ずいぶん》たくさんあるのである。或《あ》る婦人《ふじん》は一大難関《いちだいなんかん》に出会《でくわ》して、人間《にんげん》力《りょく》ではどうして好《よ》いかわからない時《とき》、突如《とつじょ》として神に頼《たの》もうという感《かん》じが湧《わ》き起《おこ》り、神に対《たい》して手紙《てがみ》を書きはじめたのである。「神よ、あなたは無限《むげん》智《ち》であります。無限愛《むげんあい》であります。無限力量《むげんりきりょう》であります。あなたは無限の愛をもって私を導《みちび》いて下《くだ》さいます。あなたは無限の智慧《ちえ》をもって私がこの難《なん》関《かん》を切抜《きりぬ》ける道《みち》を教《おし》えて下さいます……」それから具体的《ぐたいてき》な問題《もんだい》を細々《こまごま》とその神様《かみさま》に送る手紙の中《なか》に書き始めたのである。すると、自分一人《じぶんひとり》でどうしようかと思いまどう心の騒《さわ》ぎが次第《しだい》に落ち着いて来て、神と共《とも》に、その事件《じけん》について対処《たいしょ》する道を考えているような安《やす》らかな気持《きもち》になって来たのである。そのうちに事件の全貌《ぜんぼう》がハッキリして来た。何《なに》が問題の重要《じゅうよう》な部分《ぶぶん》であるか、何《なに》が問題とするに足りない部分であるかがハッキリして来たのである。

壁間　柱と柱との間の壁の部分。壁面

その神への手紙《てがみ》を書いているうちにはまだ完全《かんぜん》にその問題《もんだい》は解決《かいけつ》せず、解決の緒《いとぐち》が見えていただけであったが、その三日後《みっかご》にはすべての事《こと》が順潮《じゅんちょう》に進《しん》行《こう》して万事《ばんじ》解決したのである。病気《びょうき》の時《とき》に神にこれに類《るい》する手紙を書いて、急《きゅう》に病気が快方《かいほう》に向《む》かった実例《じつれい》があるのである。

神に手紙を書くことによるこれらの功徳《くどく》が起《おこ》る原因《げんいん》は、それを書いているうちに、心が完全に神に向《む》かうことになるからである。そして「吾《わ》れ神と偕《とも》に在《あ》り」という自覚《じかく》が起《おこ》って来《き》、そのために心の平和《へいわ》が回復《かいふく》し、神の叡智《えいち》に波長《はちょう》が合うようになって来《き》、従《したが》って一切《いっさい》の問題が順潮に解決するようになるのである。

唯《ただ》、祈《いの》っているだけでも無論《むろん》効果《こうか》があるのであるが、十五分間《ふんかん》以上《いじょう》も雑念《ざつねん》なしに完全に神に心を振向《ふりむ》けて祈ることはやや困難《こんなん》な人《ひと》が多いのである。しかし手紙を書くとなれば、三十分はおろか一時間《じかん》以上《いじょう》も神に対《たい》して心を集《しゅう》中《ちゅう》することが出来《でき》る。そのために神との一体感《いったいかん》が一層《いっそう》起《おこ》り易《やす》く、効果もそれ

緒　きっかけや手がかり
順潮　物事が調子よく運ぶこと。順調

に従《したが》って多いのである。

五月二十九日

治病能力《ちびょうのうりょく》のすぐれたる人《ひと》に宗教的感情《しゅうきょうてきかんじょう》の深い人が多い。理論的《りろんてき》に説明《せつめい》は上手《じょうず》であっても治病的能力《ちびょうてきのうりょく》の少《すくな》い人もある。理論《りろん》は脳髄皮膚《のうずいひふ》の意識《いしき》でも組立《くみた》てられるのであって、理論で肯定《こうてい》しながら、感情《かんじょう》の底《そこ》では反撥《はんぱつ》しているような人もある。

思想《しそう》や理論では恋《こい》するわけにも行《ゆ》かないし、恋しなかったら子を産《う》むことも出来《でき》ないのである。恋とは思想や理論でなくて感情である。時《とき》には例外《れいがい》があるかも知れぬが、「子を産む」即《すなわ》ち創造力《そうぞうりょく》の本体《ほんたい》は「感情」であるのであって思想や理論にあるのではないのである。人を真《しん》に動かすものは「感情」の力《ちから》である。人を癒《い》やす力も「感情」にあるのである。世《よ》に迷信視《めいしんし》せられている「お婆《ばあ》さん」や行者《ぎょうじゃ》の小宗教《しょうしゅうきょう》で病気《びょうき》が治《なお》る事実《じじつ》が続々《ぞくぞく》あり、それに

頭注版㊲一四三頁

行者　宗教上の修行者

理論《りろん》が透《とお》らないという理由《りゆう》で、また偶々《たまたま》感情興奮《かんじょうこうふん》を伴《ともな》わない知的《ちてき》な人《ひと》に試《こころ》みて治病成績《ちびょうせいせき》が挙《あが》らなかったという理由で、それらの治病《ちびょう》宗教《しゅうきょう》を詐欺視《さぎし》するが如《ごと》きは、治病《ちびょう》の力《ちから》が宗教的感情興奮《しゅうきょうてきかんじょうこうふん》にあるのであることを洞察《どうさつ》しないものである。

『生命《せいめい》の實相《じっそう》』が、それを読むことによって病気《びょうき》が治《なお》るのは、文章力《ぶんしょうりょく》による宗教感情《しゅうきょうかんじょう》を興奮《こうふん》せしめる力《ちから》が強いからである。この点《てん》に於《おい》て『生命《せいめい》の實相《じっそう》』は文章芸術《ぶんしょうげいじゅつ》である。理論だけ簡単《かんたん》に透《とお》ろうと思って、手紙《てがみ》で簡単な返事《へんじ》さえ貰《もら》えば好《よ》いと思っている人は、この点を見のがしているのである。尤《もっと》も現代《げんだい》の知識人《インテリゲンチャ》は「お婆《ばあ》さんの宗教信者《しゅうきょうしんじゃ》」と異《ちが》って理論が透《とお》らないようなものは頭《あたま》から排撃《はいげき》してしまって、いくら名文《めいぶん》でも宗教興奮を惹起《じゃっき》し得《う》るものではない。だから『生命《せいめい》の實相《じっそう》』は理論に於《おい》ても古今独歩《ここんどっぽ》、古来一切《こらいいっさい》の宗教的理論《しゅうきょうてきりろん》の中枢《ちゅうすう》を包容《ほうよう》しつつ、近代《きんだい》の精神科学《せいしんかがく》から新興物理学理論《しんこうぶつりがくりろん》までも一貫《いっかん》せる一大生命学《いちだいせいめいがく》の理論体系《りろんたいけい》をなしているのである。この点に於《おい》て

洞察　物事の本質を見抜くこと

インテリゲンチャ　intelligentsiya　ロシア語。知識人

排撃　非難や攻撃をして退けること

惹起　事件や問題などをひき起こすこと

古今独歩　歴史上たぐいなくすぐれていること

中枢　物事の中心となっている最も重要なところ

精神科学　自然科学に対して精神に関する諸科学の総称。メンタルサイエンス

新興物理学　二十世紀以降の物理学。相対性理論および量子力学以降の物理学。現代物理学

『生命《せいめい》の實相《じっそう》』は一大哲学《いちだいてつがく》ともいえるのである。芸術《げいじゅつ》であり、哲学《てつがく》であり、而《しか》してその及《およ》ぼす治病《ちびょう》の体験数《たいけんすう》は医者《いしゃ》が一《ひと》つの事実《じじつ》を肯定《こうてい》するに用《もち》うるモルモットの実験頭数《じっけんとうすう》よりも多く、数《すう》千の実験礼《じっけんれい》状《じょう》となって顕《あらわ》れているので、実験の蒐集《しゅうしゅう》であるから科学《かがく》であるともいい得《う》るのである。

而《しか》してその読書《とくしょ》による感情興奮《かんじょうこうふん》の種類《しゅるい》は、個人《こじん》と天地《てんち》の大生命《だいせいめい》との調和《ちょうわ》的融合感《てきゆうごうかん》を興奮《こうふん》せしめるのであるから、宗教《しゅうきょう》であるともいい得《う》るのである。芸術であり、哲学であり、科学であり、宗教であるのが『生命《せいめい》の實相《じっそう》』である。

蒐集　ある品物や資料などを色々と集めること

五月三十日

「三界《さんがい》は唯心《ゆいしん》の所現《しょげん》である」釈迦《しゃか》のこの所説《しょせつ》は正しい。しかし、「唯心《ゆいしん》」とはただの「思考作用《おもうはたらき》」だけではない。深いところの感情《かんじょう》である。ハッキリ

頭注版㊲一四五頁

所説　説くところ。主張の内容

思考《しこう》に現《あらわ》れない以前《いぜん》に心の中《なか》に動いている原因不明《げんいんふめい》の魂的《たましいてき》な動きがそれである。思考の上では完全《かんぜん》に論理的《ろんりてき》には組立《くみた》てられないが、大和魂《やまとだましい》なるものは理論《りろん》を超越《ちょうえつ》して動いている。戦死《せんし》の瞬間《しゅんかん》に天皇陛下万歳《てんのうへいかばんざい》を唱《とな》える心は、これは理論でも学問《がくもん》でも思想《しそう》でもない。吾々《われわれ》の魂《たましい》の奥底《おくそこ》に横《よこた》わる深い感情《かんじょう》である。この深い感情は、明瞭《めいりょう》に脳髄的意識《のうずいてきいしき》としては理論的には組立《くみた》てられていないが、脳髄的意識の理論発生以前《りろんはっせいいぜん》にその奥《おく》に存在《そんざい》する実在《じつざい》の理念《りねん》なのであって、この中心帰一理念《ちゅうしんきいつりねん》(弥的魂《ヤマトだましい》)こそが真統《ほんとう》の日本人《にっぽんじん》の深い感動《かんどう》の根本《こんぽん》となっているのである。

物質分子《ぶっしつぶんし》さえも「中心帰一理念」の中《なか》にあるから原子核《げんしかく》を中心《ちゅうしん》として陰《いん》電子《でんし》が回転《かいてん》しているのである。理念といえば、その文字面《もじめん》から「道理《どうり》と想《そう》念《ねん》」とを一緒《いっしょ》にしたような言葉に思われるが、人間《にんげん》の深いところの感動はすべて、実在者《じつざいしゃ》の「理念」から発生《はっせい》してくるものなのである。「理念」の力《ちから》は内《うち》より押《お》し出《だ》す最《もっと》も力強い感動であり、その「理念」はそれが現象的《げんしょうてき》に顕《あらわ》

原子核　原子の中核をなす素粒子。陽子と中性子とから成り、周囲を陰電子が廻って原子を構成する

陰電子　負の電荷を持ち、原子核の周りを回って原子を構成する素粒子

れるのに幾回失敗《いくかいしっぱい》しても、やがてはそれが形《かたち》に現《あらわ》れずにはいないのは、朝顔《あさがお》の花は何回萎《なんかいしお》れてもまたやがては夏来《きた》って花咲かずにはいないのと同じである。楠木正成《くすのきまさしげ》の忠誠心《ちゅうせいしん》は「中心帰一理念《ちゅうしんきいつりねん》」の発現《はつげん》からであるから、湊川《みなとがわ》で挫折《ざせつ》しても、「理念《りねん》」は結局《けっきょく》は敗北《はいぼく》するものではない。「七生報国《しちしょうほうこく》」の正成《まさしげ》の語《ことば》は、結局は、「中心帰一理念」は全世界《ぜんせかい》を支配《しはい》することになるのだということを顕《あらわ》している。

全宇宙《ぜんうちゅう》は「中心帰一理念」に支配されているのである。一勝《しょう》一敗《ぱい》を契機《けいき》として中心帰一理念を失ってはならないのである。物質《ぶっしつ》でさえ原子核《げんしかく》が破壊《はかい》されたら正体《しょうたい》もなく飛び散るほかはないのである。みずからの民族《みんぞく》の中心《ちゅうしん》を見失《みうしな》い、帰一《きいつ》すべき何物《なにもの》もなくなったとき、民族は崩壊《ほうかい》するほかはない。理念は永遠《えいえん》である。理念さえ失わねば形には幾変遷《いくへんせん》あろうとも、復《また》もとの姿《すがた》があらわれて来るのである。

楠木正成　永仁二〜建武三年。南北朝時代の武将。後醍醐天皇に仕えて河内赤坂城に挙兵し、建武の中興に貢献した。建武三年に兵庫湊川の戦いで敗れて弟正季と共に自刃した。大楠公

湊川　建武三年の兵庫湊川の戦い。後醍醐天皇を奉戴する楠木正成や新田義貞らが足利尊氏の軍と戦って敗れた

七生報国　『太平記』にある楠木正成・正季兄弟が自刃の前に交わした言葉。何度でも人として生まれて国に忠義を尽くすという心意気を吐露した語

五月三十一日

心の法則《ほうそく》にせよ、物質《ぶっしつ》の法則にせよ、いずれも反対《はんたい》の方向《ほうこう》に働《はたら》くことが出来《でき》るのである。同一《どういつ》の力《ちから》が自動車《じどうしゃ》を前方《ぜんぽう》にも後方《こうほう》にも動かす。磁気《じき》の陽極《ようきょく》は惹《ひ》き、陰極《いんきょく》は反撥《はんぱつ》する。或《あ》る種《しゅ》の想念《そうねん》と感情《かんじょう》は建設的創造的《けんせつてきそうぞうてき》であって、友《とも》その他《ほか》助けとなる力を呼《よ》ぶ。これとは全然反対《ぜんぜんはんたい》の効果《こうか》を生《しょう》ずる想念及《およ》び感情もある。それは誤解《ごかい》と争《あらそ》いと悪意《あくい》とを創《つく》る。この種《しゅ》の想念感情を消極的《しょうきょくてき》であると言うのである。破壊的沈滞的《はかいてきちんたいてき》で個人《こじん》の進歩《しんぽ》を妨《さまた》げるからである。実《じっ》際失敗《さいしっぱい》する人《ひと》は、好《この》ましくない状態《じょうたい》を作り出す方向に心の法則を働かしているのである。次に述《の》べる箴言《しんげん》はメンタル・サイエンスの箴言《しんげん》であって算《さん》術《じゅつ》の法則と同じに信頼《しんらい》の出来る基本的《きほんてき》な法則であり、早速《さっそく》あなた自身《じしん》にも適《てき》用《よう》されるものなのである。即《すなわ》ち「今日《こんにち》貴下《きか》の生活《せいかつ》の中《なか》にある好ましくないもの、貴下の健康《けんこう》・幸福《こうふく》・成功《せいこう》を妨《さまた》ぐるものは、その好ましいものと同様《どうよう》に、

頭注版㊲一四七頁

磁気　磁石に特有な物理的性質

陽極　電流が流れるとき、電位が高い方の極

沈滞的　一ヵ所にとどこおって進歩や発展がないさま

箴言　人生の指針や戒めとなる貴重な言葉。金言

メンタル・サイエンス　本書三八頁の「精神科学」に同じ

算術　旧制の小学校における教科名。算数

貴下　あなた。男性が手紙などで同輩や目下の人に対して用いる

あなた自身《じしん》が心の法則《ほうそく》に働《はたら》かしめて自《みずか》らそれをもたらしたからそこに存《あ》るのだ」と言うことである。些細《ささい》な事件《じけん》、不慮《ふりょ》の出来事《できごと》、損失又《そんしつまた》は利得《りとく》、結婚《けっこん》したり離婚《りこん》したり、その他人生《たじんせい》に起《おこ》るすべてのことの背後《はいご》には或《あ》る見えざる力《ちから》があり、その見えざる力が具象化《ぐしょうか》しつつあるのである。その見えざる力は実《じつ》は自分自身《じぶんじしん》が起《おこ》した想念《そうねん》の力なのである。諸君《しょくん》は想念の法則によって動いている宇宙《うちゅう》に住んでいて、そこでは想念の法則が、あたかも物理的法則《ぶつりてきほうそく》が星の運行《うんこう》を支配《しはい》するが如《ごと》く、諸君の運命の運行を支配しているのである。

「想念の法則」とは「因果《いんが》の法則」ともいい、現在意識即《げんざいいしきすなわ》ち自覚《じかく》ある心の思《し》想《そう》、感情《かんじょう》、希望《きぼう》に常《つね》に応《こた》えてくれる宇宙普遍《うちゅうふへん》の心・阿頼耶識《あらやしき》の働きを言うのである。これは神の働き又《また》は「真如縁起《しんにょえんぎ》」ではない。阿頼耶識《あらやしき》の働きである。次に主観心《しゅかんしん》の説明《せつめい》を試《こころ》みる。

阿頼耶識《あらやしき》は心理学上《しんりがくじょう》の潜在意識《せんざいいしき》にほぼ一致《いっち》するものであるが、もっと広《こう》義《ぎ》に用《もち》いられる。夢《ゆめ》の状態《じょうたい》で活動《かつどう》する心、習慣《しゅうかん》の背後《はいご》にある心、タイピス

不慮　思いがけないこと。

利得　利益を得ること。また、その利益

あたかも　ちょうど

阿頼耶識　仏教の「唯識説」で心の本体「識」を眼識・耳識・鼻識・舌識・身識・意識・末那識・阿頼耶識の八識に分けた第八識

真如縁起　一切のものは本来備わった仏性から縁に従って顕現するという考え方。如来蔵縁起

潜在意識　人間の意識のうち、自覚を伴わないが心の奥底に潜んでいる意識。全意識の九五パーセントを占め、人間の行動のほとんどはこの影響を受けるとされる。本全集第十一巻「精神分析篇」参照

タイピスト　コンピュータのワープロソフトが普及する以前、タイプライターで文書を作成することを職業とした人

トや音楽家《おんがくか》の指に眼《め》があるかの如《ごと》く働《はたら》くその指を通《とお》して働く心である。それは吾等《われら》の生命《せいめい》の内部《ないぶ》にあって吾々《われわれ》の身体《からだ》を母胎《ぼたい》にいる間《あいだ》から創造《そうぞう》した心である。そして今《いま》もその心は再創造《さいそうぞう》を続けているのである。阿頼耶識《あらやしき》が浄化《じょうか》されてアンマラ識《しき》となるとき真如実相《しんにょじっそう》の智慧《ちえ》に近づくのである。それが真如実相《しんにょじっそう》の智慧《ちえ》に近づくに従《したが》い、肉体《にくたい》を創造する力《ちから》は完全《かんぜん》となるのである。吾《われ》らの肉《にく》体細胞《たいさいぼう》は日々《ひび》死んでいるのであって、新しい細胞《さいぼう》と組織《そしき》とを創造し、生活《せいかつ》過程《かてい》で消耗《しょうこう》したものと取換《とりか》えつつあるのであって、その再創造が、浄化された阿頼耶識《あらやしき》によって導《みちび》かれるとき、肉体の再創造は完全となり、健康《けんこう》なる肉体が創造せられる。これに反《はん》して阿頼耶識《あらやしき》が浄化されないとき肉体の再創造は不完全《ふかんぜん》となり病気《びょうき》となるのである。

母胎　胎児を養育する母親の胎内

アンマラ識　心の本体を八つの「識」に分けた第八識「阿頼耶識」の清浄な姿。自性清浄心。菴摩羅識。阿摩羅識

消耗　体力や気力が使い果たされたさま

六月　紅白《こうはく》むすぶ

六月一日

柳《やなぎ》は緑《みどり》、花は紅《くれない》、千紫万紅《せんしばんこう》、みなとりどりに美しい。けれどもそれが所《ところ》を得《え》なかったら美《び》ということは出来《でき》ないのである。柳は緑なのが好《よ》いが、その緑なのが一幅《ぷく》の絵の美《び》を剝《そ》ぐこともある。「これがどうして悪《あく》であるか、この行為《こうい》はどうして悪《あく》であるか」と一々《いちいち》自分《じぶん》の行為の理由《りゆう》を挙《あ》げて弁解《べんかい》する人《ひと》があるが、悪《あく》とはものそのものには無《な》いのであるから、一々の行為を挙げれば悪《あく》はひとつも無《な》いのである。

悪《あく》だということは、ただ一《ひと》つ相応《ふさ》わぬという状態《じょうたい》である。悪《あく》とはものそのものではなく、状態なのである。

美《び》と価値《かち》と生命《せいめい》とは一個《こ》のものの中《なか》にはなくて配合《はいごう》の中《なか》にあるのである。褐色《かっしょく》の絵具《えのぐ》は糞色《ふんいろ》で汚《よご》れているとも考えられるが、朽葉色《くちばいろ》で趣《おもむき》があるともいえる。褐色の絵具そのものは美《び》でもなく醜《しゅう》でもない。それを美《び》たらしめ醜《しゅう》

頭注版㊲一五〇頁

柳は緑、花は紅　北宋の詩人蘇軾（そしょく）の「柳緑花紅真面目」より。柳は緑色をしており、花は紅に咲くように、自然そのままであること。自然のことわり

千紫万紅　花が色とりどりに咲き乱れるさま

一幅　書画などの作品一点。「幅」は掛け物を数える語

剝ぐ　そこなう

相応わぬ　ふさわしくない

朽葉色　枯れた落ち葉のような色。赤みを帯びた黄色

たらしめるのは配合《はいごう》にあるのである。
価値《かち》とは生命《せいめい》とも同じことである。

六月二日

視野《しや》の狭《せま》いこころは、自分《じぶん》では好《よ》いことをしているつもりで、却《かえ》って悪いことをしていることがあるものである。それは全体《ぜんたい》との調和《ちょうわ》を見ることが出《で》来《き》ないからである。またあらゆる視角《しかく》から事物《じぶつ》を見ることが出来ないからである。

日本精神《にっぽんせいしん》――大和《やまと》の心――というのは最《もっと》も視野の広いこころでなければならない。

一《ひと》つの事物を見て、一人《ひとり》はこれを「三十」であると測定《そくてい》し、他《た》の一人《ひとり》はこれを「十二」であると測定する。それは尺度《しゃくど》がちがうからである。先《さき》の人《ひと》はセンチで測《はか》っているのであるし、後《あと》の人はインチで測っているのである。

頭注版㊲一五〇頁

視角　物を見たり考えたりする方向。観点。視点

尺度　ものさし。物事を評価する基準
インチ　ヤード・ポンド法による長さの単位。一インチは約二・五四センチメートル

世間《せけん》には往々《おうおう》こういう他愛《たあい》もない愚《おろ》かなる争《あらそ》いがある。

六月三日

「知力《ちりょく》も直覚《ちょっかく》も語《ことば》によって構成《こうせい》せられ、またそこなわれる。善《よ》き語《ことば》、悪《あ》しき語《ことば》は知力と直覚とを或《あるい》は構成し、或《あるい》はそこなうが故《ゆえ》、充分語《じゅうぶんことば》を選択《せんたく》する術《すべ》を知らねばならぬ」とパスカルはいっている。

言葉の暗示《あんじ》の力《ちから》は、知力を増《ま》し、直覚を増す。祈《いの》りが学業成績《がくぎょうせいせき》に影響《えいきょう》するのは当然《とうぜん》なことである。子供《こども》の学修《がくしゅう》を指導《しどう》しつつある父母《ふぼ》が直《す》ぐ焦《じ》れて来て「子供の頭の悪さ」に不平《ふへい》をいうがようなことでは、その子供の学業成績は挙《あ》がるものではない。

六月四日

心で愛し合っている男女《だんじょ》と、愛していないが法律上夫婦《ほうりつじょうふうふ》であると記載《きさい》さ

他愛もない　とりとめのない。取るに足りない

頭注版㊲一五一頁

直覚　瞬間的に物事の本質をとらえること。直観

パスカル Blaise Pascal 一六二三～一六六二年。フランスの哲学者・数学者・物理学者・神学者。圧力に関する「パスカルの原理」等を発見した。没後「人間は考える葦である」の句がある遺稿集『パンセ』が出版された

学修　学問を身につけること

焦れる　思い通りにならずにいらいらする

頭注版㊲一五二頁

れている男女《だんじょ》とどちらが真実《しんじつ》の夫婦《ふうふ》であるのかとはよく訊《き》かれるところである。

厨川白村式《くりやがわはくそんしき》な「自由恋愛観《じゆうれんあいかん》」の上《うえ》では、心で愛し合っている男女の方《ほう》が本当《ほんとう》の夫婦であり、愛し合っていぬ法律上《ほうりつじょう》の夫婦などは、形式《けいしき》の夫婦であって、本当の夫婦ではないと思われていたけれども、本当は法律上の夫婦こそ本当の夫婦であるのである。法律上の夫婦を形式的《けいしきてき》なものと見ているのは、実相《じっそう》を知らぬものである。宇宙《うちゅう》はコトバによって造《つく》られている。法《ほう》は宇宙の大法《たいほう》がその時《とき》その処《ところ》その人《ひと》に於《お》ける時処相応《じしょそうおう》の相《すがた》に於《お》いて顕現《けんげん》したのであるから、コトバが肉体《にくたい》としてあらわれたのが法律上の夫婦である。法律上の夫婦は宇宙意志《うちゅういし》が定《さだ》め給《たま》うた理念《りねん》の夫婦の顕《あらわ》れと観《み》るべきものである。それが本当に好《す》きになれないというのは、神が一対《いっつい》の男性《だんせい》と女性《じょせい》とに創造《つく》り給《たま》うた実相を見ないからである。本当に神が造《つく》り、そして与えたまうた実相の配偶《はいぐう》を見るときは、たといその配偶の現象《げんしょう》の姿《すがた》が、乞食《こじき》の姿をしていよう

厨川白村　明治十三～大正十二年。英文学者。評論家。小泉八雲、夏目漱石、上田敏らに師事。京都帝国大学教授。自由主義の立場から、青年層に多大な影響を与えた。著書は『近代文学十講』『象牙の塔を出て』『近代の恋愛観』など

配偶　夫婦の一方から他方を指す言葉。つれあい

たとい　「たとえ」に同じ

と、醜《みにく》い顔《かお》をしていようと唯一無二《ゆいいつむに》の「自分《じぶん》の半身《はんしん》」そして「自分のすべて」であるところの相手《あいて》を見出《みいだ》すことになるであろう。そこから油然《ゆうぜん》と本当《ほんとう》の夫婦愛《ふうふあい》が生《うま》れる。法律《ほうりつ》に登録《とうろく》されていない夫婦《ふうふ》は速《すみや》かに届出《とどけで》て宇宙《うちゅう》の大法《たいほう》が時処相応《じしょそうおう》にあらわれたる一対《いっつい》になることが好《よ》いと思う。

法的《ほうてき》な何《なに》ものもない単《たん》に好きな相手だということは五官《ごかん》の快楽《かいらく》の惑《まど》わしにかかっている事《こと》があるものである。だから単に好きな相手だというだけで身《み》をまかせたりしたあとで捨《す》てられる女性《じょせい》は多い。法的な許《ゆる》しが出たあとでないと、いくら好きな男性《だんせい》にでも身を委《まか》すべきではない。

油然　ある思いや感情が突き上げるように起こるさま

五官　外界の事物を感じ取る五つの感覚器官。目・耳・鼻・舌・皮膚

六月五日

頭注版㊲一五三頁

生かされている悦《よろこ》びを語ることは、言葉の力《ちから》によってその悦びを増幅《ぞうふく》することになる。天地《てんち》の万物《ばんぶつ》みんな生かされている悦びを語っているではないか。燃《も》えるような若葉《わかば》、空の色《いろ》の碧《あお》、咲《さ》き出《い》でた小草《おぐさ》――みんな生かされて

増幅　程度や範囲を大きくすること

いる悦《よろこ》びを表現《ひょうげん》しているのだ。

人間《にんげん》だけ黙《だま》って憂鬱《ゆううつ》に黙《だま》り込《こ》んでいるべきではない。自分《じぶん》の受けたおかげを人《ひと》に対《たい》して話さして戴《いただ》くということは、悦びを表現することであると同時《どうじ》に、言葉の力《ちから》にて悦びを殖《ふ》やすことであり、語る相手《あいて》を救《すく》うことであり、自分自身《じぶんじしん》の心境《しんきょう》の程度《ていど》をはっきりさせることであり、話している事柄《ことがら》の中《なか》に自分自身も教《おし》えられることがあり、自分の向上《こうじょう》にも役立《やくだ》つのである。

黙ってこれまで得《え》たおかげを握《にぎ》りつぶしている人の中《なか》には退転《たいてん》する人が多い。自分自身をハッキリ反省《はんせい》する上《うえ》から心の日記《にっき》をつけることは自分を退転せしめない一《ひと》つの良法《りょうほう》である。

六月六日

生活《せいかつ》が本当《ほんとう》になったとき心が落着《おちつ》く。心が落着《おちつ》かない間《あいだ》は、自分の生活が据《す》わるべき処《ところ》に据《す》わっていないからである。機械《きかい》でも据《す》わるべきところへ据《す》

退転　仏教語。修行を怠ったためにそれまでに得た悟りを失って悪い方へあと戻りしてしまうこと

頭注版㊲一五四頁

据わる　落ち着く。動かなくなる

わったら、震動《しんどう》も少《すくな》いし、摩擦《まさつ》も少《すくな》いし、心棒《しんぼう》が焼《や》けつくということもないのである。

心を落着《おちつ》けるのも大切《たいせつ》であるが、心の方《ほう》からばかり抑《おさ》えつけても不安《ふあん》が去らないのは、生活《せいかつ》が落着《おちつ》くべきところに落着《おちつ》いていぬのである。胡魔化《ごまか》しの生活をしながら心ばかり落着《おちつ》かせようと焦《あせ》っても仕方《しかた》がない。

正しい生活、悔《く》いのない生活、いつ死んでも可《よ》い生活をしていたら、どんなことがあっても落着《おちつ》けるのである。

心棒　回転の軸となる棒

六月七日

減《へ》るという考えがあっては落着《おちつ》けぬ。

損《そん》するという考えがあっては落着《おちつ》けぬ。

人間《にんげん》は神の子であって、減らない生命《せいめい》と財《ざい》とを与えられているのであり、どんな時《とき》にも損するということはないものじゃという考えになったときに初《はじ》

頭注版㊲一五四頁

めて吾々《われわれ》は落着《おちつ》けるのである。

六月八日

恩《おん》を受けて返さない感《かん》じがしている間《あいだ》は人間《にんげん》は落着《おちつ》けぬ。とり得《どく》の感じがしている間《あいだ》は落着《おちつ》けぬ。

恩を返したときの感じほど楽しい感じはない。恩に着《き》せがましい態度《たいど》に出られても、どれだけでも無限《むげん》に素直《すなお》に恩を返《かえ》し得《う》る感じは無限のよろこびである。

もうこれだけ恩を返したらおしまいだという感じは卑怯《ひきょう》な感じである。恩を無限に感じ、そして無限に恩返《おんがえ》しする力《ちから》が滾々《こんこん》と湧《わ》いて行《ゆ》く感じはまた格《かく》別《べつ》である。

孝《こう》ならんと欲《ほっ》する頃《ころ》に父母《ふぼ》いまさずという諺《ことわざ》がある。恩を返せる財力《ざいりょく》が出来《でき》たときに恩人《おんじん》がいないことがある。

頭注版㊲一五五頁

とり得　とにかく取っただけ自分の利益になること

滾々　水などが尽きることなくさかんに湧き出るさま

いつでも恩《おん》を返すことが必要《ひつよう》である。実力《じつりょく》で恩を返す力《ちから》がなくとも、感《かん》謝《しゃ》の心を起《おこ》すことそのことが既《すで》に報恩《ほうおん》である。実力が出来《でき》たとき、実力で恩を返す。実力がまだ備《そな》わらないとき、感謝の心で恩を返す。実力が出来たときに恩人がもう地上《ちじょう》にいないとしたら、国《くに》のため世《よ》のためにつくすことによって恩を返すが好《よ》い。自他《じた》は一体《いったい》だから。

報恩　恩恵にむくいること。恩返しをすること

六月九日

人間《にんげん》は必要《ひつよう》なものを創造《つく》り出すことが喜《よろこ》びである。体温《たいおん》と同温度《どうおんど》の部屋《へや》に生活《せいかつ》させられたら吾々《われわれ》は却《かえ》って苦しくなる。少《すこ》しく体温よりも低温度《ていおんど》の部屋にいて、自分《じぶん》で必要な体温をつくり出しているときには爽快《そうかい》を感ずる。自分《じぶん》の持物《もちもの》が少《すくな》いといって嘆《なげ》くことはない。釈迦《しゃか》はあたかも要《い》るだけの体温が既《すで》に室内温度《しつないおんど》として与えられているのと同じように、あらゆる必要と同じ物資《もの》を悉《ことごと》く与えられた王宮《おうきゅう》にいたので、その王宮が苦しくなって飛び出

頭注版㊲一五六頁

爽快　さわやかで気持ちのよいさま

したのである。

ちょうどよいということは幾分乏《いくぶんとぼ》しくて、自分《じぶん》の力《ちから》で創造《そうぞう》し得《う》る部分《ぶぶん》が残っているということである。

生み出すことが楽しいのである。生み出されたる結果《けっか》を享受《きょうじゅ》することだけでは人間《にんげん》は満足出来《まんぞくでき》ないのである。

生み出されたる子はやがて親《おや》になろうとする。これは「生み出されたる者《もの》」がやがてその「生み出されたもの」であることのみに満足することなく「生み出す者」たらんとする衝動《しょうどう》である。

人間が神の子であるのは事実《じじつ》である――この事実に満足しないで、人間は「何故《なぜ》？」と考える。彼《かれ》は「神の子として生み出されている事実」に満足しないで、自分の方法《ほうほう》で、自分の理論《りろん》で「神の子」を生み出そうとするのである。「生み出されている」ことだけでは人間は満足出来ない。生み出す者たらんとするものが人間である。

享受　よいものを受け入れて楽しむこと

六月十日

すべてが既《すで》に与えられて、もう生み出しの必要《ひつよう》のない世界《せかい》にいるほど退屈《たいくつ》なことはない。「不足《ふそく》」を不平《ふへい》に思う人《ひと》は、「不足」をこの故《ゆえ》にこそ感謝《かんしゃ》しなければならないのである。

頭注版㊲一五七頁

六月十一日

金《かね》が幾億万円自分《いくおくまんえんじぶん》の前《まえ》に積《つ》み上《あ》げられたとてそれを使うことが出来《でき》なければ自分が幸福《こうふく》だというわけではない。そこで吾《われ》らは、金《かね》を使うことが出来るので幸福なのであると考える。では魔法使《まほうつかい》が一瞬《いっしゅんかん》間目の前に幾億万円の金《かね》をあらわして、次の瞬《しゅんかん》間その幾億万円を眼界《がんかい》から消し去って「もうお前《まえ》の金《かね》は使ってしまった。お前は金《かね》を使ったから幸福だろう」と宣告《せんこく》しても吾《われ》らは幸福になれるわけではない。

頭注版㊲一五七頁

そこで「それが幸福《こうふく》でないのは、その金《かね》を自分《じぶん》で使わないからだ」と吾々《われわれ》は考えるであろう。

では、自分で金《かね》を使う事《こと》が幸福であろうか。金《かね》を自分で使うのが幸福であるならば、何故《なぜ》金持《かねもち》はその金《かね》を召使《めしつかい》や他《た》の人《ひと》に渡《わた》して自分が坐《すわ》っていて必《ひっ》要《よう》な品物《しなもの》を買わせているのであろう。何《なん》でも自分で買物《かいもの》に出掛《でか》けなければ幸福であり得《え》ないというならば、金持《かねもち》はその多くの金《かね》を消費《しょうひ》するために、毎日《まいにち》自分で戸毎《こごと》に多数《たすう》の商家《しょうか》を訪問《ほうもん》して歩かねば幸福になり得《え》ないであろう。しかしそんなことをしている金持《かねもち》も幸福者《こうふくしゃ》も一人《ひとり》もない。

そこでこんなことが判《わか》る。金《かね》はたくさん持っているということが幸福ではなく、それを使うということが幸福でもなく、自分が使うということが幸福でもない。金《かね》というものは持っていても使っても幸福に何《なん》の関係《かんけい》もないものなのである。ただ金《かね》は吾々《われわれ》に、また他々《ひとびと》に、働《はたら》きの動機《どうき》を与える。金《かね》は吾々《われわれ》を、そして人々《ひとびと》を働かせる媒介《ばいかい》となるものなのである。その「働き」又《また》は

戸毎　一軒一軒

媒介　なかだち

「働《はたら》かせ」の感《かん》じが幸福《こうふく》であるのを錯覚《さっかく》して「金《かね》が幸福を与える」と誤想《ごそう》しているのである。

働き――活動《かつどう》――のみが人間《にんげん》の本当《ほんとう》の幸福なのである。猟師《りょうし》は獲物《えもの》を悉《ことごと》く自分《じぶん》が食べるのではない。猟師は猟《りょう》をすること、その働きのみが楽しいのである。

人《ひと》を救《すく》うことそのことが楽しいのである。救った結果《けっか》収入《しゅうにゅう》がないとかあるとかいうことは問題《もんだい》ではない。多くの生長《せいちょう》の家《いえ》の誌友《しゆう》たちが自分で自動《じどう》車賃《しゃちん》などを費《つい》やして、人々《ひとびと》を救《たす》けてあげているのは涙《なみだ》ぐましい立派《りっぱ》な行《おこな》いであるが、それはその人の中《なか》に宿《やど》っている「神」が働いているのである。「神」は「生命《せいめい》」であり「働き」である。働くもののみが幸福であり、健康《けんこう》であり、活々《いきいき》して来るのである。

誤想　思い違い

六月十二日

信心《しんじん》とは自分がこう信ずるということではない。神の真《まこと》が自分《じぶん》の中《なか》に生きていることである。

頭注版㊲一五九頁

六月十三日

吾々《われわれ》が他《ひと》に何事《なにごと》かを尽《つく》して喜《よろこ》びを感《かん》ずるのは自他一体《じたいったい》の実相《じっそう》から来るのである。「私がこれほどあなたに尽《つく》してあげました」という程度《ていど》の尽《つく》し方《かた》では、まだほんとうに自他一体が判《わか》っていない。従《したが》って本当《ほんとう》の意味《いみ》でその人《ひと》は尽《つく》し方《かた》が足りないのである。

「私は神様《かみさま》にこれほど尽《つく》してあげましたのに、お蔭《かげ》がない」と不平《ふへい》に思う人は、そのこれほど尽《つく》しましたと力《りき》む「自分」という存在《そんざい》はどこから来たのか考えてみるが好《よ》い。「自分」というものは本来《ほんらい》どこにもないのである。みん

頭注版㊲一五九頁

な神から来たものばかりである。それを私がした自分《じぶん》がしたと力《りき》むその根《こん》性《じょう》が間違《まちが》っているのである。そんな間違《まちがい》の信仰《しんこう》からお蔭《かげ》がもし来るものならば、神様《かみさま》の方《ほう》が間違っている。

二人《ふたり》の信者《しんじゃ》が神社《じんじゃ》へお詣《まい》りして、甲《こう》は「私はこれこれの善事《ぜんじ》をつくしましたから神様どうぞ祝福《しゅくふく》して下《くだ》さい」といって祈《いの》った。乙《おつ》は「私は何《なん》の力《ちから》もないものです。すべて善《よ》きものは神様から来るのです。どうぞ御心《みこころ》の栄《さか》えますように」と祈った。

どちらが神様からお蔭《かげ》を戴《いただ》くものであるかとイエスは弟子《でし》たちにたずねた。弟子たちは正しく答えることが出来《でき》なかった。

イエスは「本当《ほんとう》にお蔭《かげ》を戴くものは乙《おつ》である」といった。「甲《こう》はまだ無我《むが》になっていない。善《よ》き事《こと》が神以外《かみいがい》の自分から来るようにまだ思っている。自分の力に誇《ほこ》っている者《もの》は神から卑《ひく》くせられるものだ。」

イエスの教《おし》えも無我《むが》の教えであり、釈尊《しゃくそん》の教えも無我《むが》の教えである。

甲　複数の人・物・事柄があり、その一つを名前に代えて言うときの第一番目の語

乙　甲の次に来る語

「天《あめ》の御蔭《みかげ》、日《ひ》の御蔭《みかげ》と隠《かく》りまして」と祝詞《のりと》にとなえる日本神《にっぽんかん》ながらの道《みち》も無我《むが》の教えである。

「自分《じぶん》は本来《ほんらい》ない」これが生長《せいちょう》の家《いえ》の教えである。「自分」を握《にぎ》っていながら、お蔭《かげ》を戴《いただ》こうなどというのは大《だい》それた考えである。握っている手掌《てのひら》の中《なか》には日光《にっこう》は射《さ》し込《こ》まない。拳《こぶし》を開《ひら》くことをしないで「お蔭《かげ》がない」と不足《ふそく》をいっても神様《かみさま》の御存知《ごぞんじ》ないことである。

指導者《しどうしゃ》の役目《やくめ》は「握っている心の拳《こぶし》」をひらかせることである。相手《あいて》の心に「我《が》」を握らせておいて、神想観《しんそうかん》とかいうX光線《エックスこうせん》みたいな光《ひかり》で握ったままの掌《てのひら》を明るくする事《こと》ではない。

神様は開《ひら》き得《う》る拳《こぶし》を与えていられるのである。

六月十四日

安田良忍氏《やすだりょうにんし》は仏教僧侶《ぶっきょうそうりょ》であり、生長《せいちょう》の家誌友《いえしゆう》であり、一ヵ寺《じ》の住職《じゅうしょく》で

「天の御蔭、…」　「大祓詞」にある言葉。地上に降臨された天孫瓊瓊杵尊(ににぎのみこと)が壮麗な宮殿を築いてお住まいになった、の意

祝詞　神道で神に奏上する言葉

X光線　電磁波の一種。レントゲン線

頭注版㊲一六一頁

安田良忍氏　浄土真宗の僧侶。昭和九年に生長の家に入信し、昭和十一年に地方講師となった。戦後に生長の家の信徒間で広まった「ありがとうございます」誦行を戦前より実践した

あり、生長《せいちょう》の家《いえ》の誌友会《しゆうかい》をお開《ひら》きになっている。死骸《しがい》にお経《きょう》をあげるを以《もっ》て能事足《のうじた》れりとせず、生《い》ける人間《にんげん》に説法《せっぽう》してこれを教化《きょうげ》するのを本職《ほんしょく》としていられる。この安田氏《やすだし》から『般若心経《はんにゃしんぎょう》』の現代語訳《げんだいごやく》を送って来られた。その翻訳《ほんやく》は次の通《とお》りである。これで完璧《かんぺき》だとは思わないが、折角《せっかく》送って来られたから参考《さんこう》のため日記《にっき》に写しておくことにする。

無上甚深微妙法《むじょうじんじんみみょうほう》　百千万劫難遭遇《まんごうなんそうぐう》
我今見聞得受持《がこんけんもんとくじゅじ》　願解如来真実蔵《がんげにょらいしんじつぞう》

実相訳《じっそうやく》『摩訶般若波羅蜜多心経《まかはんにゃはらみったしんぎょう》』

観自在菩薩《かんじざいぼさつ》　深般若《じんはんにゃ》の智《ち》を獲《え》たまい、人《ひと》の真性《しんせい》は仏《ほとけ》なるが故《ゆえ》に無礙自在《むげじざい》なり、人々各々観自在菩薩《ひとびとおのおのかんじざいぼさつ》なりとの悟《さと》りを行得《ぎょうとく》したまいて、その自覚《じかく》により現象界《げんしょうかい》は空《くう》なり無《む》なりと照見《しょうけん》し、一切《いっさい》の苦厄《くやく》を済度《さいど》したまうの時《とき》、斯《か》くの

誌友会　月刊誌等をテキストとして、信徒同士が自宅等で開く研鑽会
能事足れり　自分のなすべきことは全部終わった
教化　仏の教えによって人々を導くこと
『般若心経』『般若波羅蜜多心経』の略。『大般若経』の精髄を二六二文字にまとめた最も短い仏教経典。著者による講義は谷口雅春著作集第七巻『真佛教の把握』等にある
無上甚深…　経典を読誦する前に唱える「開経偈(かいきょうげ)」
実相訳　安田良忍氏は上記二篇の経典の他にも「法華経寿量品(自我偈)」の実相訳を『いのち』昭和十三年十一月号に発表している
摩訶　偉大なさま
観自在菩薩　観世音菩薩の別名

如《ごと》く説《と》きたまう――

　汝《なんじ》仏《ほとけ》の子よ、諦《あきらか》に聴《き》け、色《しき》は空《くう》に異《ことな》らず、物質《ぶっしつ》なし、空《くう》は色《しき》に異《ことな》らず、無《む》よりして一切《いっさい》を生《しょう》ず、色即《しきすなわ》ちこれ空《くう》、有《あ》るように見えても実在《じつざい》せず。空《くう》即《すなわ》ちこれ色《しき》、そのままに真空妙有《しんくうみょうう》なり。感受《かんじゅ》するも、想《おも》うも、行《おこな》うも、識《こころ》の主体《しゅたい》も亦々《またまた》斯《かく》の如《ごと》く、有《あ》るがままにして空《くう》、無《な》きままにして有《あ》るなり。

　汝《なんじ》仏《ほとけ》の子よ、この如来《にょらい》の法《ほう》、実相《じっそう》は久遠《くおん》の実在《じつざい》なれば生《しょう》ぜず、滅《めっ》せず、無垢《むく》、清浄《しょうじょう》にして完全円満《かんぜんえんまん》なれば、増《ぞう》せず、滅《めっ》せず、この故《ゆえ》に実相には、色《しき》なく、受《じゅ》なく、想《そう》なく、行《ぎょう》なく、識《しき》なし。

　肉体《にくたい》なく、五官《ごかん》なく、五官に映《えい》ずる世界《せかい》もなし。

　光明世界《こうみょうせかい》なれば無明《むみょう》なく、無明《むみょう》の尽《つ》くることもなし。久遠《くおん》生《い》き通《とお》しなれば老死《ろうし》もなく、また老死の尽《つ》くることもなし、四諦《したい》によって悟《さと》るに非《あら》ず、そのまま安楽行《あんらくぎょう》なり。智慧《ちえ》を磨《みが》きて悟るに非《あら》ず、つかむところの所得《しょとく》なくして、実相そのままに、円満具足《えんまんぐそく》せり。

- **般若の智**　真理を悟る智慧
- **無礙自在**　妨げがなく自由自在なさま
- **照見**　物事の本質を見きわめること
- **済度**　迷いから解放して魂を救うこと
- **真空妙有**　真に実体のないものがそのまま本当にあるものだということ
- **色なく、…**　すべての存在を構成する五つの要素である「色受想行識」の「五蘊（ごうん）」が無い、の意
- **四諦**　仏教の根本的な真理を表現した四つの言葉。「苦諦」「集諦（じったい）」「滅諦」「道諦」
- **円満具足**　すべてのものが備わって、少しの不足もないこと

神の子仏《ほとけ》の子は実相智《じっそうち》によるが故《ゆえ》に、心にさし障《さわ》りなし、さし障りなきが故《ゆえ》に、吾仏《われほとけ》の子の自覚《じかく》にて恐怖《きょうふ》あることなし。恐怖なきが故《ゆえ》に、一切《いっさい》の悩《なや》みをはなる、本来仏《ほんらいほとけ》なれば涅槃《ねはん》を究竟《くきょう》す。

三世仏《さんぜほとけ》の子の兄弟《きょうだい》は実相智《じっそうち》によるが故《ゆえ》に正しき覚《さと》りを得《う》。まことに知《し》んぬ、実相智《じっそうち》はこれ神の御言葉《みことば》なり。これ明智《めいち》の御言葉《みことば》なり、これこの上《うえ》なき言葉なり。これ等《ひと》しきものなき無上《むじょう》言葉なり。能《よ》く一切の苦しみを除《のぞ》く、真実《しんじつ》にして虚《むな》しからず、故《ゆえ》に実相《じっそう》の御言葉《みことば》を説《と》く、其《その》言葉に曰《いわ》く、羯諦《ぎゃてい》自《みずか》ら極楽《ごくらく》に既《すで》にあり。羯諦《ぎゃてい》他《た》にも是《これ》を覚《さと》らしめ、波羅羯諦《はらぎゃてい》自他共《じたとも》に是《これ》を悟《さと》り、波羅僧羯諦《はらそうぎゃてい》皆 悉《みなことごと》く今此処《いまここ》浄土《じょうど》にありて、菩提僧婆訶《ぼじそうはか》覚《さと》りの道《みち》成就《じょうじゅ》して歓《かん》喜《き》に充《み》ち満《み》てり。

摩訶般若波羅蜜多心経《まかはんにゃはらみったしんぎょう》

願《ねが》わくばこの功徳《くどく》を以《もっ》て普《あまね》く一切に及《およ》ぼし、我等《われら》と衆生《しゅじょう》と皆共《みなとも》に仏道《ぶつどう》を成《じょう》ぜん事《こと》を――

はなる　離れる
涅槃　煩悩を払いのけた悟りの境地
究竟　究極の境地に達すること
三世　前世、現世、来世
知んぬ　知りました
明智　すぐれた智慧
実相の御言葉　経典末尾の「陀羅尼」と呼ばれる呪文。梵語を翻訳せずに発音のまま漢字で書き表した「羯諦羯諦　波羅羯諦　波羅僧羯諦　菩提僧婆訶　般若心経」
羯諦「行く」の意の梵語の音をそのまま漢字に表した語
波羅「彼岸」の意の梵語の音をそのまま漢字に表した語
僧婆訶　幸あれ、これでおしまいという意。「娑婆訶・薩婆訶・蘇婆訶」等とも書く
衆生　命ある全て。特に、仏の救済の対象となる人間

六月十五日

今日《きょう》は、安田良忍氏《やすだりょうにんし》の『阿弥陀経《あみだきょう》』の訳《やく》を紹介《しょうかい》する。聖経《せいきょう》『甘露《かんろ》の法雨《う》』を読誦《とくじゅ》すれば、それだけで好《よ》いはずであるけれども、真宗《しんしゅう》などの人《ひと》で、その家《いえ》の老人《ろうじん》が真宗の経文《きょうもん》でなければ、どうしても救《すく》われないという先入観念《せんにゅうかんねん》を握《にぎ》っていて離《はな》さない場合《ばあい》には、『阿弥陀経《あみだきょう》』を解《わか》り易《やす》く訳《やく》したものの方《ほう》がその家の老人を喜《よろこ》ばし、一家《いっか》を調和《ちょうわ》の状態《じょうたい》に導《みちび》き入《い》れることが出《で》来《き》ると思う。実相訳《じっそうやく》というのは『實相《じっそう》』を通《とお》して解《かい》し得《え》た『阿弥陀経《あみだきょう》』の意《い》訳《やく》という意味《いみ》であろうか。良忍氏《りょうにんし》は「一宗《しゅう》一派《ぱ》に片寄《かたよ》った学者《がくしゃ》や専門家《せんもんか》のために書いたのではないから、その方面《ほうめん》の方《かた》が見れば間違《まちが》っているかも知れません」と謙遜《けんそん》していられる。こんなに解《かい》する真宗僧侶《しんしゅうそうりょ》もあるのである。

さてその訳《やく》――

頭注版㊲一六三頁

『阿弥陀経』『仏説阿弥陀経』。浄土教の根本聖典である「浄土三部経」の一つ

『甘露の法雨』 昭和五年に著者が一気に書き上げた五〇五行に及ぶ長詩

真宗 浄土真宗。鎌倉時代初期に法然の弟子親鸞によって立てられた浄土教の一派

『實相』『生命の實相』の略

意訳 文の一語一語にとらわれずに全体の意味をくみとって訳すこと

如来《にょらい》を讃《ほ》め奉《たてまつ》る歌

稽首天人所恭敬《けいしゅてんにんしょくぎょう》　阿弥陀仙両足尊《あみだせんりょうそくそん》
在彼微妙安楽国《ざいひみみょうあんらくこく》　無量仏子衆囲繞《むりょうぶっししゅいにょう》

実相訳《じっそうやく》『仏説阿弥陀経《ぶっせつあみだきょう》』

是《かく》の如《ごと》く吾《わ》れ聞きたり。

或時見真道場《あるときけんしんどうじょう》に於《おい》て、悟道《ごどう》に達《たっ》せる聖弟子《きよきでし》多く集《あつま》りて。誌友《しゆう》の兄弟《きょうだい》より指導者《しどうしゃ》と尊敬《そんけい》せられたる人々《ひとびと》なり。

釈尊《しゃくそん》を中心《ちゅうしん》として、その周囲《しゅうい》には諸仏菩薩《しょぶつぼさつ》及《およ》び、仏法守護《ぶっぽうしゅご》の諸天《しょてん》、無量《むりょう》善神《ぜんじん》に囲繞《いにょう》せられたり。

その時《とき》釈尊《ほとけ》告《つ》げ給《たま》うには、仏子《ぶっし》よこの現象世界《げんしょうせかい》の奥《おく》に実相世界《じっそうせかい》あり、極《ごく》楽《らく》と名《なづ》く。そこに阿弥陀《あみだ》と名《なづ》け奉《たてまつ》る仏《ほとけ》まします。今現《いまげん》に十方《じっぽう》にひびき亙《わた》る音声《おんじょう》にて説法《せっぽう》し玉《たま》う。その国には一切《いっさい》の苦《くるし》みあることなく、只諸々《ただもろもろ》の楽《たのし》み

稽首天人所恭敬…浄土真宗で阿弥陀仏を敬い讃えて唱える「十二礼」の第一の偈文
安楽国　極楽浄土の別名
囲繞　取り囲むこと
是の如く吾れ聞きたり　仏教経典の冒頭の言葉「如是我聞（にょぜがもん）」。経典が編纂された時にその経典が間違いなく釈迦の言葉であることを示した言葉
或時　仏教経典冒頭の「如是我聞」に続く言葉
見真道場　自己の実相をあらわすために修行する場
菩薩　仏の次の位にある修行者
諸天　天上界で仏法を守護する神々
無量善神　計り知れないほど多くの仏法を守護する神々
十方　あらゆる方角

のみがあり、この故《ゆえ》に極楽《ごくらく》という。

亦仏子《またぶっし》よ、その世界《せかい》には、地《ち》には七重《ななえ》の欄干《らんかん》あり。空《そら》には七重《ななえ》の網《あみ》あり。中《なか》には並樹《なみき》が栄《さか》えたり。それには金銀《きんぎん》、瑠璃《るり》、玻璃《はり》の宝玉《ほうぎょく》を以《もっ》て飾《かざ》り立《た》てあり。

亦七宝《またしっぽう》の宝池《ほうち》あり。八功徳水《くどくすい》なみなみと満《み》ちみてり。池の底《そこ》には金《きん》の沙《いさご》が敷《し》きつめられたり。宝池《たからのいけ》の周《めぐ》りには四宝《しほう》を組《く》み合《あわ》せたる階道《かいどう》あり。その上には楼閣《ろうかく》あり。七宝《しっぽう》を以《もっ》てまばゆく飾《かざ》り立《た》てられたり。

池の中《なか》の蓮華大《れんげおお》さ車輪《しゃりん》の如《ごと》し。その華《はな》の色《いろ》は青き色には青き光《ひかり》。黄《き》なる色には黄なる光。赤き色には赤き光。白き色には白き光あり。その香《かおり》のよきこと綺麗《きれい》なることとても現象界《げんしょうかい》の言葉にてはいい尽《つく》し難《がた》し。

仏子《ぶっし》よ亦空《またそら》には妙《たえ》なる音楽《おんがく》鳴りひびけり。大地《だいち》は凡《すべ》て黄金《おうごん》にて、昼夜《ちゅうや》六時《じ》に曼陀羅華《まんだらげ》を雨《あめふ》らす。

実相世界《じっそうせかい》の人々《ひとびと》は、その華《はな》を以《もっ》て全宇宙《ぜんうちゅう》の諸仏《しょぶつ》を供養《くよう》し、食事前《しょくじぜん》に浄土《じょうど》

瑠璃　仏教の七宝の一つ。青色の宝玉
玻璃　七宝の一つ。水晶を指す
八功徳水　甘・冷・軟・軽・清浄・不臭・飲時不損喉・飲已不傷腸の八つの功徳を持つという水
四宝　金、銀、瑠璃及び水晶の四つの宝
楼閣　高層の建物
まばゆい　きらびやかでまぶしい
昼夜六時　昼夜を六分した念仏や読経などの時刻。晨朝(じんじょう)・日中・日没(にちもつ)・初夜・中夜・後夜(ごや)
曼陀羅華　天上界に咲くという霊妙な花

に帰り、食事《しょくじ》終《お》われば宝林宝池《ほうりんほうち》の間《あいだ》を遊行《ゆぎょう》す。実相世界《じっそうせかい》はかくの如《ごと》き尊《とうと》き荘《しょう》厳《ごん》なり。亦種々《またしゅじゅ》の奇妙《きみょう》なる鳥あり。昼夜《ちゅうや》六時《じ》に上品《じょうひん》なる声《こえ》にて鳴きさえずる。その声はあらゆる尊《とうと》き教《おし》えの響《ひびき》なり。

浄土《じょうど》の人々《ひとびと》はその声を聞《き》き終《お》わりて。悉《ことごと》く三宝《さんぽう》の恩徳《おんとく》を念《おも》う心が自然《じねん》に起《おこ》るなり。

而《しか》し、仏子《ぶっし》よこの鳥は現象界《げんしょうかい》に見るが如《ごと》き、念《ねん》の具象化《ぐしょうか》の現《あらわ》れに非《あら》ず。この鳥は阿弥陀仏《あみだぶつ》の御慈悲《おじひ》の現れなるが故《ゆえ》に。実相世界には地獄《じごく》、餓鬼《がき》、畜《ちく》生《しょう》などの悪《あ》しき世界《せかい》は実在《じつざい》せず。

亦微風《またみふう》そよ吹けば。宝《たから》の並樹《なみき》、金銀《きんぎん》の網《あみ》の鈴《すず》。百千の音楽《おんがく》鳴りひびき、妙《たえ》なる音《ね》を出《いだ》しその音《おと》を聞く人《ひと》は、自然《じねん》に仏《ほとけ》を念《おも》い教《おし》えにいそしみ、人々に有《あ》りがとうとほめ讃《たた》える心を起《おこ》すなり。これもまた仏《ほとけ》の覚《さと》りの顕《あらわ》れなり。仏子《ぶっし》よ彼仏《かのぶつ》の光明《こうみょう》は限《かぎ》りなく。全宇宙《ぜんうちゅう》を照《てら》し玉《たま》うに何等障《なんらさわ》りなきが故《ゆえ》に、阿弥《あみ》陀《だ》と名《な》づけ奉《たてまつ》る。亦彼仏《またかのぶつ》の光明。百千万億無量無数《まんおくむりょうむしゅ》の光明と分《わか》れ、その一々《いちいち》

遊行　めぐり歩くこと

荘厳　おごそかに美しく飾ること

奇妙　非常に趣があるさま

三宝　仏法僧。仏と経典と、教えをひろめる僧。また、仏の教え

阿弥陀仏　阿弥陀如来ともいう。浄土信仰の中心的仏であり、生きとし生ける者を救済するための本願を立て、長い間の修行の末に仏となった

地獄・餓鬼・畜生　生前の悪行によって死後に行くとされる苦しみ・飢え・けだものの世界。三悪道

の光明《こうみょう》は個々《ここ》の実相人間《じっそうにんげん》なり。

亦《また》無量寿仏《むりょうじゅぶつ》の寿命《じゅみょう》及《およ》びその土《ど》に往生《おうじょう》せる人《ひと》の寿命《じゅみょう》も無量無限《むりょうむげん》にして始めもなく終《おわ》りもなし。亦《また》仏子《ぶっし》よ実相世界《じっそうせかい》の人は皆《みな》同じ覚《さと》りなれど、極楽《ごくらく》の秩《ちつ》序荘厳《じょしょうごん》として菩薩《ぼさつ》声聞縁覚人天《しょうもんえんがくにんでん》と種々《しゅじゅ》の相好《そうごう》あり、皆一味平等《みないちみびょうどう》の仏《ほとけ》そのままの実相《じっそう》にしてその数《かず》きわめて多く無限の長時間掛《ちょうじかんかか》りても計《はか》り尽《つ》くすこと能《あたわ》ず。彼土《かのど》はかくの如《ごと》く尊《とうと》き聖者《せいじゃ》の群《むれ》によって飾《かざ》られたり。

仏子《ぶっし》よ上《かみ》の如《ごと》き極楽《ごくらく》の有様《ありさま》を聞く人々《ひとびと》は、宜《よろ》しく願《ねがい》を起《おこ》して生《うま》れんと念《ねん》ずべし。

その国《くに》に生《うま》るれば、かような勝《すぐ》れたる良《よ》き人々と一所《いっしょ》に会う事《こと》が出来得《できう》るなり。

仏子《ぶっし》よ人間知《にんげんち》の浅《あさ》はかなる計《はから》いにては彼国《かのくに》にゆくこと能《あたわ》ず。もし人ありて阿弥陀仏《あみだぶつ》の仰《おお》せを畏《かしこ》み、吾仏《われほとけ》の子なりと悟《さと》り、その名《みな》を信じ称《とな》えて、或《あるい》は一日《にち》乃至《ないし》七日《なのか》、或《あるい》は生涯《しょうがい》心を一《ひと》つにして、散乱《さんらん》すること勿《なか》れ。かくの如《ごと》き

無量寿仏　阿弥陀仏の別称

声聞縁覚　「声聞」は釈迦の説法を聞いて悟る弟子。「縁覚」は一人で悟ってそれを他人に説こうとしない聖者

人天　人間界や天上界の衆生

相好　顔かたち。姿

一味　仏教語。すべてが同一で平等であること

散乱　仏教語。心が乱れること

時《とき》信の心更《さら》にゆるがず、阿弥陀仏《あみだぶつ》もろもろの聖者《せいじゃ》在《ましま》す極楽世界《ごくらくせかい》に往生《おうじょう》するなり。

仏子《ぶっし》よ、私はこの利益《りやく》を見るが故《ゆえ》にかくの如《ごと》く説《と》く。諸人《もろびと》よ真理《しんり》の書《しょ》を読みこの事《こと》を聞信《もんしん》し、まさに願《ねがい》を起《おこ》して彼御国《かのみくに》に往生《おうじょう》せよ。

仏子《ぶっし》よ、私が今阿弥陀仏《いまあみだぶつ》の不可思議《ふかしぎ》なる功徳利益《くどくりやく》を讃美《さんび》すると等《ひと》しく、東《とう》方《ほう》、南方《なんぽう》、西方《さいほう》、北方《ほっぽう》、下方《げほう》、上方等《じょうほうとう》の六方《りくほう》の無量《むりょう》の数限《かずかぎ》りなき諸仏《しょぶつ》が、各々《おのおの》その国《くに》に於《お》いて大音声《だいおんじょう》を以《もっ》て、遍《あまね》く全世界《ぜんせかい》を覆《おお》うて真実《しんじつ》の言葉を語り給《たま》う。汝等《なんじら》このすべての仏《ほとけ》の護《まも》り讃《たた》えるこの教《おし》えを信ぜよと説《と》かせらるるなり。仏子《ぶっし》よ、何《いか》んが故《ゆえ》にあらゆる諸仏《しょぶつ》の念《ねん》じ護《まも》らせ給《たま》う教えと呼《よ》ぶかと。仏《ぶっ》子《し》よ、もし人《ひと》この諸仏《しょぶつ》のほめ給《たま》う阿弥陀仏《あみだぶつ》の御名《みな》とその教えを聞くならば、彼等《かれら》は何《いず》れも諸仏にみまもられ正しき覚《さと》りより退《しりぞ》くことなし。仏子《ぶっし》よ汝《なんじ》ら一《いち》同《どう》私のこの教えと諸仏の御言葉《みことば》とを信ずべし。

昨日《きのう》も、今日《きょう》も、明日《みょうにち》も、御国《みくに》に生《うま》れんと欲《おも》わん人は今《いま》を生かせ。何《いず》れ

更に…ず　全く…ない

聞信　教えを聞いて信ずること

遍く　すみずみまで行き渡るさま。遍く

も皆《みな》正しき覚《さと》りを得《え》て皆既《すで》に生《うま》れておるなり。

仏子《ぶっし》よ私は今諸仏《いましょぶつ》が阿弥陀仏《あみだぶつ》を讃《たた》うると共《とも》に、亦《また》私を讃《たた》うる言葉を聞く。現象《げんしょう》としては時《とき》の流《ながれ》に随《したが》い濁《にご》りは増《ま》し、邪見《じゃけん》はみち、悩《なや》みは心を毒《どく》して行《おこな》い浄《きよ》からず、短命《たんみょう》を来《きた》す。この世界《せかい》にあって釈迦《しゃか》は無上《むじょう》の正覚《しょうがく》を得《え》て一切《いっさい》の人《ひと》の信《しん》じ難《がた》き教《おし》えを説《と》くことかくの如《ごと》し。

現象を実在《じつざい》と観《み》て実相《じっそう》を覚《さと》らざる人多き世《よ》の中《なか》に、私は今、阿弥陀仏《あみだぶつ》の御光《みひかり》を仰《あお》ぎ無上の正覚《しょうがく》を得《え》てすべての世にこの信《しん》じ難《がた》き教えを説きたるなり。

かかる世の中にこの教えを説く事甚《ことはなは》だ難《かた》きというべきなり。

釈尊《しゃくそん》この教えを説き終《おわ》らるるや。無量《むりょう》の諸仏菩薩《しょぶつぼさつ》。諸天大衆等《しょてんたいしゅうとう》。歓喜《かんき》し信受《しんじゅ》し合掌《がっしょう》して退《しりぞ》きぬ。

仏説阿弥陀経《ぶっせつあみだきょう》

南無阿弥陀仏《なむあみだぶつ》（七遍《へん》）

正覚　真理を体得した悟り

信受　信じて受け入れること。信仰すること

願《ねが》わくばこの功徳《くどく》を以《もっ》て平等《びょうどう》に一切《いっさい》に施《ほどこ》し同じく菩提心《ぼだいしん》を発《はっ》して安楽国《あんらくこく》に往生《おうじょう》せん。——

生長《せいちょう》の家《いえ》は何宗《なにしゅう》といえども排斥《はいせき》するものではないのである。そのまま寺院《じいん》の宗教《しゅうきょう》も生かし、すべての宗教を仲《なか》よくならしめ、万人和合《ばんにんわごう》の天国浄土《てんごくじょうど》を地上《ちじょう》に建設《けんせつ》せんとする運動《うんどう》である。

菩提心　悟りを得ようと求める心。往生を願う心

排斥　退けること

六月十六日

頭注版㊲一六九頁

生きていることが「仏《ほとけ》」に成《な》っていることである。これから修行《しゅぎょう》して後《のち》に「仏《ほとけ》」になるのではない。

修行していることが「仏《ほとけ》」のすがたである。そのまま「仏《ほとけ》」である。行《ぎょう》じないところには何《なに》もない。生活《せいかつ》のないところには仏《ほとけ》はない。行《ぎょう》ずるところ、ことごとく仏《ほとけ》である。

六月十七日

宇宙全体《うちゅうぜんたい》は一《ひと》つの生命《せいめい》で生かされている。宇宙全体が生《い》き物《もの》なのである。その生命流《せいめいなが》れ入《い》って「吾《われ》」となっているのである。宇宙の全体が、「吾《われ》」の内《うち》に流れ込んでいるともいうことが出来《でき》る。

そして自分《じぶん》の受持《うけも》っている環境《かんきょう》では各自《かくじ》が船長《せんちょう》であり、舵手《だしゅ》である。各自が舵《かじ》をとった方向《ほうこう》に宇宙の生命力全体《せいめいりょくぜんたい》が動き出すのである。そしてその舵《かじ》は次の「言葉の力《ちから》」である。――

「自分《じぶん》は宇宙力全体《うちゅうりょくぜんたい》にバックされている。自分は宇宙力全体と一つである」

常《つね》にこのことを「言葉の力」にて心に描《えが》け。これが常住《じょうじゅう》の神想観《しんそうかん》である。そう念《ねん》ずるとき、そこに仏《ほとけ》が現前《げんぜん》しているのである。自分は既《すで》に成仏《じょうぶつ》しているのである。

頭注版㊲一六九頁

舵手　船のかじをとる人

舵をとる　艪(ろ)や櫂(かい)を操って船を正しい方向に進めること

バック　back　背後から支えること。うしろだてとなって助けること

常住　永遠に変わることがないこと

現前　目の前にあらわれること

六月十八日

言葉が舵《かじ》であって、人生《じんせい》の方向《ほうこう》を定《さだ》める。言葉、言葉、言葉、言葉……吾々《われわれ》の心に印象《いんしょう》を深からしめるために「言葉」という字を繰返《くりかえ》し繰返《くりかえ》し書いておく。

船は船長《せんちょう》の言葉の力《ちから》でその方向に必《かなら》ず進むのである。船長はみだりに間《ま》違《ちが》った言葉を出すことは出来《でき》ない。船長が「東」というのに、船が「西」に進むということはあり得《え》ない。

では、吾々《われわれ》は「幸福《こうふく》」に人生を航海《こうかい》したいならば、「幸福」の方向にのみ自分《じぶん》の「人生」を進めたいならば、吾々《われわれ》は自分の人生の船長であるから「幸福」とのみ掛声《かけごえ》をかければよいのである。「幸福」「幸福」とのみ毎日掛声《まいにちかけごえ》を掛《か》けているならば、必ず自分の「人生」は幸福の方向に進んで行《ゆ》くに違《ちが》いないのである。「健康《けんこう》」「健康」とのみ掛声《かけごえ》を掛けているならば、必ず「健

頭注版㊲一七〇頁

康」の方向《ほうこう》にのみ自分《じぶん》の「人生《じんせい》」は進んで行《ゆ》くに違《ちが》いないのである。

それだのに「幸福《こうふく》」を切《せつ》に求めながら、毎日《まいにち》「自分は不幸《ふこう》だ」と掛声《かけごえ》をかけたり、呟《つぶや》いたりしている人《ひと》があり、「健康《けんこう》」を切《せつ》に求めながら、毎日「自分は虚弱《きょじゃく》だ」と掛声《かけごえ》をかけたりしている人がある。自分の運命《うんめい》について呟《つぶや》く人、自分の病身《びょうしん》について呟《つぶや》く人はこういう種類《しゅるい》の人であって、その人がその生活習慣《せいかつしゅうかん》を改《あらた》めない限《かぎ》り、本当《ほんとう》に幸福と健康とは来ないであろう。

今現《いまげん》に不幸であっても「幸福」という人は、西へ行《ゆ》こうとしている船が「東」という船長《せんちょう》の言葉で「東」へ位置《いち》を変《へん》じ初《はじ》めると同様《どうよう》に、「幸福」の方向へ生活《せいかつ》が転向《てんこう》し始《はじ》めるのである。

六月十九日

「アダムの名附《なづ》けたるところのものはその物《もの》の名となれり」と「創世記《そうせいき》」にあるように言葉のとおりに事物《じぶつ》は成《な》るのである。

転向　方向や立場などを変えること

頭注版㊲一七一頁

アダム　『旧約聖書』「創世記」に記されている人類の始祖

「創世記」　『旧約聖書』の冒頭に収められている天地創造の物語。本全集第十九巻「万教帰一篇」上巻第一章参照

宇宙《うちゅう》は感受力鋭敏《かんじゅりょくえいびん》なラジオ・セットのようなものである。このラジオ・セットは言葉で放送《ほうそう》したものを感受《かんじゅ》するほか、心で放送したものを鋭敏に感受して、それを具体的《ぐたいてき》可聴的《かちょうてき》可視的《かしてき》な存在《そんざい》とするのである。自分《じぶん》の放送しないところのものは一《ひと》つとしてこの世界《せかい》に形《かたち》を顕《あらわ》さない。

妻《つま》を呪《のろ》う言葉を出したときには、妻はやがて呪わるべき形に変《かわ》って来るだろう。良人《おっと》を呪う言葉を出したとき、良人《おっと》はやがてその呪った通《とお》りの姿《すがた》に現《あらわ》れて来るであろう。自分の職業《しょくぎょう》を呪い、境遇《きょうぐう》を呪うが如《ごと》き言葉は冗談《じょうだん》にも発《はっ》すべきではないのである。

もし過《あやま》ってそんな言葉を出したならば、それと反対《はんたい》の言葉、「善《よ》い良人《おっと》だ」「善《よ》い妻だ」「自分の職業は良《よ》い職業だ」「自分の境遇は幸福《こうふく》な境遇だ」というような言葉で打消《うちけ》しておくことが必要《ひつよう》なのである。

可聴的　耳で聴くことのできる
可視的　肉眼で見ることのできる

六月二十日

頭注版㊲一七二頁

自分《じぶん》が他《ひと》に対《たい》して冷酷《れいこく》であれば、他《ひと》からも冷酷にせられるものである。類《るい》は類《とも》を招《よ》ぶ。冷たい心は、冷たいメスを招《よ》び、刺《さ》す心の者《もの》は注射《ちゅうしゃ》の鍼《はり》を以《もっ》て刺され、人《ひと》を解剖《かいぼう》してその悪《あく》を暴《あば》き出《だ》す心の者は、解剖せられる病《やまい》に罹《かか》る。

生長《せいちょう》の家《いえ》は必《かな》ずしも医療《いりょう》に反対《はんたい》するのではない。解剖せられる業《ごう》を積《つ》んだものが、解剖せられるのは業《ごう》を果《はた》して業《ごう》を消す一《ひと》つの方法《ほうほう》であるから、それはそれで可《よ》いのである。

ただ生長の家が教《おし》えたいのは、業《ごう》を飛《と》び超《こ》える道《みち》である。業《ごう》のない世界《せかい》、暗《やみ》のない世界、光《ひかり》ばかりの世界——そういう世界に入《い》るには神想観《しんそうかん》をして神の「全《まった》きいのちにて創造《つく》られてあり」と念《ねん》じて、神の「完《まった》きいのち」の中《なか》に没入《ぼつにゅう》してしまうことである。

神の「完きいのち」の中《なか》には業《ごう》もなければ、暗《やみ》もない。

類は類を招ぶ　波長の合うもの、似通ったものは自然と寄り集まること

業　身・口・意による善悪の行為は必ず何かの原因があり、さらにその行為は次の行為に大きく影響する。その繰り返しを総称する言葉

没入　すっかり入ること

六月二十一日

他《た》を呪《のろ》う代《かわ》りに祝福《しゅくふく》せよ。祝福とは福《さいわい》を祝《いの》ることである。すべての人間《にんげん》を祝福したとき、全《すべ》ての人間から拝《おが》まれる者《もの》となるであろう。

「設《も》し我《わ》れ仏《ほとけ》とならんに、国中《くにじゅう》のすべての天《てん》、人《にん》、安楽世界《あんらくせかい》に生《しょう》ぜずんば正覚《しょうがく》をとらじ」こう願《ねが》った法蔵菩薩《ほうぞうぼさつ》はすべて人間天人《てんにん》の福《さいわい》を祝《いの》る者であったのである。だから今《いま》は全《すべ》ての人間から阿弥陀仏《あみだぶつ》として尊崇《そんすう》せられるのである。

皆《みん》な自分《じぶん》が周囲《しゅうい》へ与えたものだけを刈《か》り取《と》るのである。

頭注版㊲一七三頁

…ずんば　もし…でなかったら

法蔵菩薩　阿弥陀如来の修行時代の名

尊崇　尊んで敬うこと

六月二十二日

六《むっ》つの誓《ちかい》——

今後《こんご》必《かなら》ず自分の眼《め》に封印《ふういん》して他《ひと》の悪《あく》を見まい。

頭注版㊲一七三頁

今後《こんご》必《かなら》ず自分《じぶん》の耳に封印《ふういん》して他《ひと》の悪《あく》を聴《き》くまい。
今後必ず自分の唇《くちびる》に封印して他《ひと》の悪《あく》を語るまい。
今後必ず自分の眼《まなこ》を開《ひら》いて他《た》の行《おこない》の中《なか》から善《よ》き所《ところ》のみを見よう。
今後必ず自分の耳を傾《かたむ》けて他《ひと》の言葉の奥《おく》にある善《よ》き意味《いみ》のみを聴こう。
今後自分の唇《くちびる》を開けば必《かなら》ず人《ひと》の善《ぜん》を褒《ほ》めよう。

六月二十三日

朝《あさ》目を覚《さ》ましたとき、その疲労感《ひろうかん》に捉《とら》われるな。多くの病人《びょうにん》は、半睡半覚状態《はんすいはんかくじょうたい》に於《お》ける身体《からだ》のだるい感《かん》じを「病気《びょうき》の執拗《しつこ》い為《ため》である」と錯覚《さっかく》しているのである。「身体《からだ》のだるいのは同じ姿勢《しせい》で長く寝《ね》ていたからである」と信ぜよ。そして「今後自分には善《よ》きことばかりが来るのである。自分は神の子であり、神に祝福《しゅくふく》されたるものであるから、常《つね》に一層幸運《いっそうこううん》は訪《おとず》れ、常に一層健康《けんこう》になるのである」と瞑目《めいもく》のまま低声《こごえ》をもって繰返《くりかえ》し念《ねん》ぜよ。必ずそ

頭注版㊲一七四頁

半睡半覚　半ば眠って半ば醒めていること。夢うつつ。半睡半醒

瞑目　目を閉じること

の言葉の力《ちから》の通《とお》りになるのである。

六月二十四日

人《ひと》の病気《びょうき》を治《なお》すには、その人の病気を自分《じぶん》の内《うち》に摂取《せっしゅ》しなければならないのは、洗濯屋《せんたくや》が汚《よご》れものを洗濯《せんたく》するには一度《ど》それを自分の家《うち》へ持って帰らなければならぬようなものである。「自分の内に摂取する」とは同悲同苦《どうひどうく》の感情《かんじょう》を起《おこ》して「可哀想《かわいそう》だ」という愛念《あいねん》によって、相手《あいて》の苦しみ悩《なや》みを自《じ》分自身《ぶんじしん》の苦しみ悩みとすることである。それはラザロの死を見て、「イエス涙《なみだ》を流したまえり」の境地《きょうち》である。彼《かれ》が憤《いきどお》りによって病気になっているならば、「憤《いきどお》るのはもっともだ」と同情《どうじょう》する愛念が起《おこ》るべきである。これは相手の病根《びょうこん》がどこにあるかを知るためでもある。同情のない審判《さば》くだけでは治《なお》す力は少《すく》いのである。かくて同情によって自己《じこ》の内に相手の悩みを摂取した後《のち》は、最早《もはや》、その病根である心の悩みでいつまでも自分の心を乱《みだ》してい

頭注版㊲一七四頁

摂取 取り入れて自分のものとすること

同悲同苦 他人の悲しみや苦しみを自分の悲しみや苦しみとすること

ラザロ Lázaros『新約聖書』「ヨハネ伝」第十一章に登場するベタニアのマルタとマリア姉妹の兄弟。死後イエスが墓で祈って復活させた。「ラザロの復活」として尊崇されている

病根 病気や悪いことの根本原因

るような事《こと》では、汚《よご》れた水（想念《そうねん》）をもって汚《よご》れ物《もの》を洗うに等《ひと》しいから効果《こうか》はないのである。そこで、心の中《なか》に、すべての病気《びょうき》と、病根《びょうこん》である悪《あ》しき想念感情《かんじょう》を放《はな》ち去《さ》って、「彼《かれ》は神の子であるから病気もなければ、未《いま》だかつて憤《いきどお》ったこともないのだ」と実相《じっそう》を念《ねん》ずるようにしなければならぬのである。これが『続々甘露《ぞくぞくかんろ》の法雨《ほうう》』の中《なか》に「この病気は、この心の迷《まよ》いの影《かげ》などと迷いをいちいち詮索《せんさく》すること勿《なか》れ。迷い本来無《ほんらいな》ければ、迷いの影も本来無《な》し。この病気は何《なん》の罪《つみ》の結果《けっか》ならんかと罪の種類《しゅるい》をいちいち詮索すること勿《なか》れ。罪本来無《な》ければ罪の種類も本来存在《そんざい》せざるなり。汝《なんじ》ら存在せざるものを追うこと勿《なか》れ」と書かれている所以《ゆえん》である。即《すなわ》ち一旦《いったん》、その病気の原因《げんいん》、病気の苦悩《くのう》などを自己《じこ》に摂取《せっしゅ》した後《のち》には、病気の姿《すがた》や、原因に心を捉《とら》えられることなく「汝《なんじ》の生命《せいめい》の実相は久遠《くおん》の神なり、金剛身《こんごうしん》なり、不壊身《ふえしん》なり、本来円満完全《えんまんかんぜん》なる仏身《ぶっしん》なり」（『続々甘露《ぞくぞくかんろ》の法雨《ほうう》』）とじっと自身《じしん》の実相を諦視《ていし》すれば自分《じぶん》の病気が治《なお》り、同じように相手《あいて》の実相を諦観《ていかん》すれば相手の病気が治《なお》る

『続々甘露の法雨』 生長の家の聖経。『甘露の法雨』の続編として読誦される『天使の言葉』に続いて『生長の家』誌昭和十八年十一月号に発表された

詮索 細かい点まで調べ求めること

金剛身 最も硬い鉱物であるダイヤモンドのように堅固な身

不壊身 堅固で決して壊れない身

諦視 じっと見つめて見きわめること

諦観 はっきりと明確に観ずること

のである。「真《しん》の人間《にんげん》は神の子・人間なり、真清浄《しんしょうじょう》、真円満《しんえんまん》なる神の子、人間なり」この実相《じっそう》を驀《まっしぐ》らに自覚《じかく》しさえすれば好《よ》いのである。しかし実相を自覚して自己《じこ》を円満完全《えんまんかんぜん》だと諦視《ていし》するには、先《ま》ず悔改《くいあらた》め(自己否定《じこひてい》)がなければならない。物質《ぶっしつ》(肉体《にくたい》)の否定《ひてい》と、「心」の否定である。肉体は本来《ほんらい》ない、それは心の影《かげ》だと先《ま》ず肉体を否定し、更《さら》に「あんな心を起《おこ》したのは実相《ほんもの》の心でなかった。すまなかった。あれはニセモノだった」と心も否定し去り、而《しか》して後《のち》、円満完全なる罪《つみ》なき実相を諦視《ていし》するのである。一度《ど》「心」を否定した上でまだクヨクヨ思ってはならない。

六月二十五日

或《あ》る人《ひと》が毎日神想観《まいにちしんそうかん》を熱心《ねっしん》にやっていた。

「何故君《なぜきみ》はそんなに神想観《しんそうかん》を熱心にやるのですか」と先輩《せんぱい》が訊《き》いた。するとその人は、

頭注版㊲一七六頁

「神想観《しんそうかん》をして無限供給《むげんきょうきゅう》を受けようと思うのです」と答えた。
先輩《せんぱい》はこういった「神想観《しんそうかん》は既に無限供給である自分《じぶん》の実相《じっそう》を観《み》ることですよ。神想観《しんそうかん》をしてから無限供給が来るのではない。吾等《われら》の本体《ほんたい》が既《すで》に無限供給である。観中既《かんちゅうすで》に無限供給なのですよ。」

この先輩の言葉は面白《おもしろ》い。

神想観《しんそうかん》をして病気《びょうき》を治《なお》そうと思っている人《ひと》もあるが、病気がないのが実相である。実相上《じっそうじょう》に坐《ざ》して修《しゅう》するのが神想観《しんそうかん》である。実相に到達《とうたつ》せんとして修《しゅう》するのが神想観《しんそうかん》ではない。

頭注版㊲一七七頁

六月二十六日

今日《きょう》ひとりの誌友《しゆう》が私を訪問《ほうもん》してこんな話をした。「先生《せんせい》、先生は『生命《せいめい》の實相《じっそう》』の『生活篇《せいかつへん》』をお書きになるときに、どんな状態《じょうたい》であの強い御文《ごぶん》章《しょう》をお書きになったのですか?」

「生活篇」 本全集第十二・十三巻「『生長の家』の生き方」

「別《べつ》にどういうことはない。あの頃《ころ》は私は会社《かいしゃ》へ通《かよ》っていましてね、朝五時《じ》に起きると直《す》ぐ朝風呂《あさぶろ》へ参《まい》りまして、帰ると短時間神想観《たんじかんしんそうかん》をして、それから出勤時間《しゅっきんじかん》まで、一時間ばかり机《つくえ》に対《むか》ってペンを執《と》るのが習慣《しゅうかん》でした。何《なに》を書こうかということは筆《ふで》を執《と》るときまで考えていない。筆を執《と》り始《はじ》めに、どんな本でも好《よ》い、何《なに》かの教科書《きょうかしょ》でも好《よ》い。有《あ》り合《あわ》せの机上《きじょう》の本のどこでも手《て》当《あた》り次第《しだい》の頁《ページ》を開《ひら》いてじっと二、三行《ぎょう》見詰《みつ》めていると、それが執筆《しっぴつ》を招《よ》び出《だ》す精神統一《せいしんとういつ》になって書くべきことが頭《あたま》に浮《うか》んで来る。あとは頭に浮《うか》んで来るままにペンを運べば好《よ》いのでした。どんな本でも二、三行じっと見詰めているというのは喞筒《ポンプ》の迎《むか》い水《みず》のようなものですねえ。水晶球凝視法《すいしょうきゅうぎょうしほう》といって水晶《すいしょう》の球《きゅう》を凝視《ぎょうし》していると、その水晶の表面《ひょうめん》に色々《いろいろ》の形《かたち》が現《あらわ》れて来る現《げん》象《しょう》がありますが、あれに似《に》ていますね。私のは水晶球《すいしょうきゅう》の表面に現れて来ないで頭に浮《うか》んで来ます。」

「あの『生活篇《せいかつへん》』には随分力強《ずいぶんちからづよ》い文章《ぶんしょう》が書いてありますねえ。私はあの一

ポンプ　ポンプ井戸の略。綱や棒で桶の水をくみ上げるつるべ井戸などに対して機械的な力でくみ上げるポンプを装置した井戸

迎い水　井戸水をくむ時、水を誘い出すために上から注ぐ少量の水。呼び水

水晶球凝視法　本全集第十六巻「霊界篇」上巻第一章参照。著者は立教前より心霊学の研究を積み、この方面からも人間生命の生き通しを説いた

節《せつ》を書《か》き抜《ぬ》いて常《つね》に携帯《けいたい》して歩いています。病人《びょうにん》の枕許《まくらもと》にあの一節《せつ》を書いて貼《は》り付《つ》けておいてやりますと、不思議《ふしぎ》に精神《せいしん》が光明《こうみょう》に誘導《ゆうどう》されて病気《びょうき》の治《なお》る人《ひと》があるので驚《おどろ》いています。」

「あの『生活篇《せいかつへん》』の価値《かち》を多くの誌友《しゆう》は知らないのですよ。病気の事《こと》はほとんど書いてない。生活《せいかつ》の仕方《しかた》を鼓舞《こぶ》するように書いてありますが、生活が整《ととの》って来ると自然《しぜん》病気が治《なお》って来る。朗々《ろうろう》と誦《よ》むと好《よ》いのですよ。だからあの部分《ぶぶん》だけ集めて『光明《こうみょう》の生活法《せいかつほう》』という一冊《さつ》に纏《まと》めてあるのです。」

「あの中《なか》に『汝《なんじ》の床《とこ》を今《いま》あげて起《た》て！』という実《じつ》に力強《ちからづよ》い文章《ぶんしょう》がありますが、あの一句《く》を私は脊椎《せきつい》カリエスで下半身不随《しもはんしんふずい》になって歩くことの出来《でき》ない病人の枕許《まくらもと》に肉筆《にくひつ》で書いておいて、毎日《まいにち》これを読んで、自分《じぶん》の心を鼓舞《こぶ》するのですよ、そして『起《た》てる、必《かなら》ず起《た》てる』とこれを読む毎《ごと》に思うのですよ、といっておきましたら、数年間半身不随《すうねんかんはんしんふずい》の青年《せいねん》が旬日《じゅんじつ》のうちに起《た》ち上《あが》ったのです。言葉の力《ちから》というものは不思議《ふしぎ》なものですなア。」

鼓舞　気持ちが奮い立つよう励ますこと

朗々　音声が明るく澄んでいるさま

『光明の生活法』　昭和十年に光明思想普及会より初版発行。その後も携帯に適したポケット版なども含め、各種各版が出版されている

「汝の床を…」　本全集第十三巻「生活篇」下巻六八頁参照

脊椎カリエス　脊椎の結核で、結核性脊椎炎とも呼ばれる

旬日　十日間

六月二十七日

一度放《どはな》してもまた知らぬ間《ま》に握《にぎ》っていることがある。そしてその時《とき》は握ったと気が着《つ》かないで放したつもりでいるのだから始末《しまつ》が悪い。

放つということは余程《よほど》むつかしい。物《もの》を放したら、いつの間《ま》にか又《また》「無《む》」を握っている。何《なん》にも無《な》いということは「一切《いっさい》が常《つね》にある」ということを知ることである。「一つだけが既《すで》にある」ように思ったり、「或《あ》る特定《とくてい》のものだけ」があるように思って殊更《ことさら》に執《しゅう》しているのが執着《しゅうじゃく》である。

一《ひと》つを放しても、どの特定が逃《に》げ出《だ》しても、「既《すで》に無限《むげん》のものが与えられている」と知るのが智慧《ちえ》である。

頭注版㊲一七八頁

六月二十八日

神は開《ひら》いた心の扉《とびら》からのみ入《い》り来《きた》り給《たま》うのである。心を開いて待つことが

頭注版㊲一七九頁

神を招《まね》く方法《ほうほう》である。明るい心、歓喜《かんき》の心、愛の心、智慧《ちえ》ある悟《さと》り、すべて神を招き入れる扉《とびら》である。

六月二十九日

日記《にっき》をつけかけてから既《すで》に六ヵ月間《げつかん》たった。振返《ふりかえ》ってみると、随分色々《ずいぶんいろいろ》なことが書いてある。一度《ど》にこれだけのことを書けといっても書けるものではない。零細《れいさい》の時間《じかん》を利用《りよう》して日記を附《つ》けていると、いつの間《ま》にか纏《まと》まった感想《かんそう》集《しゅう》が出来《でき》ているのである。

気がついたときに今始《いまはじ》める人《ひと》だけが本当《ほんとう》に事物《じぶつ》を始《はじ》め得《う》るのである。明日《あす》から、又《また》は来年正月《らいねんしょうがつ》から始めようと思っているような人は結局《けっきょく》始めない人であるであろう。

老年《ろうねん》で恩給退職《おんきゅうたいしょく》になって、経済的《けいざいてき》にも時間的《じかんてき》にも余裕《よゆう》が出来るようになったら『生長《せいちょう》の家《いえ》』を発行《はっこう》しようと思っている間《あいだ》は、『生長の家』は発行出

頭注版㊲一七九頁

零細　非常にこまかい。きわめてわずか

恩給　一般に共済組合への移行以前の公務員および旧軍人やその遺族に支給される金銭を言うが、ここでは現在の年金を指すと思われる

『生長の家』　著者の個人雑誌として昭和五年三月一日に創刊された。本全集第三十一〜三十三巻「自伝篇」参照

来なかったのである。

今《いま》、このまま、ここに生命的《せいめいてき》にも経済的《けいざいてき》にも無限力《むげんりょく》があるのだ！　との自覚《じかく》で、現象的《げんしょうてき》には余裕《よゆう》のない中《なか》から、気がついて即刻《そっこく》始めたのが『生長《せいちょう》の家《いえ》』である。

日記《にっき》一《ひと》つ付《つ》けること位《くらい》が億劫《おっくう》で出来《でき》ないようなことでは、何一《なにひと》つ大事《だいじ》が出来ないであろう。

六月三十日

キリストは父であるか。キリストは父ではない。キリストは子である。キリストは父の子であり使者《つかい》である。使者《つかい》は父がいいつけられた仕事《しごと》をなし、その仕事の結果《けっか》を父に奉《たてまつ》るのである。だから業《わざ》の上《うえ》では父の業《わざ》をなすのであり、教《おし》えの上では喇叭《らっぱ》であり、結果は父に奉献《ほうけん》せられる。「たといわれを信ぜずとも、吾《わ》が業《わざ》を信ぜよ」（「ヨハネ伝《でん》」第十章《だいしょう》三八節《せつ》）とは、使者《つかい》を信じ

即刻　すぐさま

億劫　気が進まず面倒なさま

頭注版㊲一八〇頁

奉る　差し上げる。献上する

奉献　神仏や貴人などに物を差し上げること

なくとも使者《つかい》が齎《もたら》した仕事《しごと》と用向《ようむき》とを信ぜよというのである。使者《つかい》みずからは、たとい価値《かち》なきものであるといえども将軍家《しょうぐんけ》の上使《じょうし》であるといえば、将軍家の権威《けんい》を以《もっ》て臨《のぞ》むが如《ごと》きものである。

「キリストはもろもろの権能《けんのう》、権威《けんい》、権力《けんりょく》を亡《ほろ》ぼして国《くに》を父なる神に付《わた》し給《たま》うべし」(「コリント前書《ぜんしょ》」第《だい》一五章《しょう》二四節《せつ》)「子も亦《また》みずから万《よろず》の物《もの》を己《おのれ》に服《したが》わせ給《たま》いし者《もの》に服《したが》わん」(同二八節)これはパウロの言《ことば》であるが、ここにキリストの役目《やくめ》がハッキリ顕《あらわ》れているように思う。キリストは主《しゅ》ではなく、みずからの纏《まと》めた業績《ぎょうせき》を「父なる神に付《わた》し」且《か》つ「みずから、万《よろず》の物を己《おのれ》に服《したが》わせ給《たま》いし者に服《したが》わん」といっているのである。治《おさ》めるのがキリストの役目ではなく、服従《ふくじゅう》するのがキリストの役目であったのである。

「キリストの黙示《もくし》」であるとして書かれている「ヨハネ黙示録《もくしろく》」に、その黙《もく》示《し》を伝えたキリストと認《みと》められる霊姿《れいし》の前《まえ》にヨハネが平伏《へいふく》して拝《はい》せんとしたときに、その霊姿《れいし》は次の如《ごと》くいったとある。

上使　朝廷や主家などから上意を伝えるために派遣される使者

「コリント前書」『新約聖書』中のパウロがコリントの信徒に宛てた書簡の前半部。「コリント人への第一の手紙」とも言う

パウロ　生没年不詳。キリスト教をローマ帝国に伝えるのに功のあった伝道者。その書簡は『新約聖書』の重要な部分を占める。ローマで殉教したとされる

黙示　神が人に真理を示すこと

「ヨハネ黙示録」『新約聖書』の最後に配置された書。『新約聖書』の中で唯一預言書的性格を持つ

霊姿　神々しい姿

「これらの事《こと》を聞き、かつ見し者《もの》は我《われ》ヨハネなり。かくて見聞《みき》きせしとき我《われ》これらのことを示したる御使《みつかい》の足下《あしもと》に平伏《ひれふ》して拝《はい》せんとせしに『つつしみて然《し》か為《す》な、われは汝《なんじ》および汝《なんじ》の兄弟《きょうだい》たる預言者《よげんしゃ》、またこの書《ふみ》の言《ことば》を守る者と等しく僕《しもべ》たるなり、なんじ神を拝《はい》せよ』」といっている。「これらのことを示したる御使《みつかい》」とは、「黙示録《もくしろく》」冒頭《ぼうとう》の「これイエス・キリストの黙示《もくし》なり」に対応《たいおう》してイエス・キリストの霊姿《れいし》であること明《あきら》かである。するとキリスト自身《じしん》はみずから「僕《しもべ》」だといって「王《おう》」だといっていないのである。しかも続いてその霊姿《れいし》のいう言葉に、「我《われ》はアルファなり、オメガなり、最先《いやさき》なり、最後《いやはて》なり、始《はじめ》なり、終《おわり》なり……」(「黙示録《もくしろく》」第《だい》一章《しょう》一節《せつ》以下《いか》及《およ》び二十二章一三節)とあるので、再《ふたた》びこの書《しょ》の黙示者《もくししゃ》たるキリストが「始《はじめ》なり、終《おわり》なる」ところの本源《ほんげん》の神だと解《かい》されそうになるのであるが、この矛盾《むじゅん》は、キリストが使者《つかい》であり「始《はじめ》なり、終《おわり》なる大神《おおかみ》」の言葉を取次《とりつ》いでいる者であることが判《わか》れば、使者《つかい》はメッセンジャーであるから、使者《つかい》の口上《こうじょう》には使者《つかい》を

つつしみて然か為な　どうかそのようになさるな
預言者　霊感を得て神の意思を告げる者
アルファ　ギリシャ文字の最初の文字。物事の最初
オメガ　ギリシャ文字の最後の文字。物事の最後
メッセンジャー　messenger 伝言などを伝える人。使者
口上　口頭で伝えること。また、その言葉

つかわし給《たま》うた大神《おおかみ》の言葉を写《うつ》し伝《つた》えるのは明《あきら》かである。しかし「使者《つかい》」そのものを「神」として拝《はい》しようとすると、「つつしみて然《し》か為《す》な。われは汝《なんじ》および汝《なんじ》の兄弟《きょうだい》たる預言者《よげんしゃ》、またこの書《ふみ》の言《ことば》を守る者《もの》と等《ひと》しく僕《しもべ》たるなり」とメッセンジャーは答えるしか仕方《しかた》がないのである。

イエス・キリストも、釈迦《しゃか》も、ともに本源《ほんげん》の大神《おおかみ》から使わされた使者《つかい》であり、その教《おし》えは宇宙《うちゅう》の大本源《だいほんげん》の大神《おおかみ》の教《おし》えを伝えたのであるから、釈迦《しゃか》の衆《しゅ》生救済《じょうきゅうさい》の御心《みこころ》、キリストの万民救拯《ばんみんきゅうじょう》の御心《みこころ》はいずれも天地《てんち》の大神《おおかみ》の御心《みこころ》である。そこに三教合一《きょうごういつ》の鍵《かぎ》がある。

救拯　すくい上げてたすけること
三教　神道、仏教、キリスト教を指す

七月　真諦成就《しんたいじょうじゅ》

七月一日

深海《しんかい》の中《なか》に棲《す》む魚《うお》は盲《めしい》である。闇《やみ》のみを心に思い浮《うか》べているからである。光《ひかり》を見る心になったとき吾々《われわれ》に眼《め》が出来《でき》、美しい世界《せかい》が吾々《われわれ》の周囲《しゅうい》に展開《てんかい》したのである。

思想《しそう》することは自由《じゆう》である、幸福《こうふく》になるように、或《あるい》は不幸《ふこう》になるように。けれどもそれは各人《かくじん》の選択《せんたく》である。

ただひと筋《すじ》に光明思想《こうみょうしそう》に随《つ》いて来るものは幸《さいわ》いである。すべてのものが吾《わ》が内《うち》に在《あ》る。本当《ほんとう》に在《あ》る。本当に在《あ》る。ただそれだけを知ればよいのである。ただそれだけを直視《じきし》すればよいのである。

思想として、宗教《しゅうきょう》として、哲学《てつがく》として、生長《せいちょう》の家《いえ》は全《すべ》ての全《すべ》てである。このほかにもっと何《なに》か好《よ》いものがあるかと思ってさ迷《まよ》い出《で》るものは、エデンの楽園《らくえん》にいてエデンの楽園をさ迷《まよ》い出《い》ずるものである。

真諦（前頁）最高の悟りの立場からみた絶対の真理
頭注版㊳四頁

盲　目が見えないこと。また、その人

直視　物事の真実を正しくはっきりと見ること

エデンの楽園　『旧約聖書』「創世記」第二〜三章に描かれた楽園。神によってつくられた最初の人間アダムとイヴが住んだ。本全集第十九巻「万教帰一篇」上巻参照

色々《いろいろ》と変《かわ》った思想《しそう》のものを読んで、思想を混乱《こんらん》させればさせるだけ、自分《じぶん》の運命《うんめい》が混乱して来る。

罰《ばつ》を当てるのではないが、いちどお蔭《かげ》を戴《いただ》いてから去ったものの運命がそれほど花々《はなばな》しくないのは、その人自身《ひとじしん》の思想が混乱しているからである。元《もと》の思想に還《かえ》ればまた幸福《こうふく》がその人のために蘇《よみがえ》ってくるのだが、一旦光《いったんこう》明思想《みょうしそう》を去った者《もの》が元《もと》の思想に還《かえ》ることは負けたような気がして正直《しょうじき》に懺《ざん》悔《げ》の心を表白《ひょうはく》することが出来《でき》ない。そこでその人はいつまでもグズついて不幸《ふこう》の中《なか》に身をまかせているのである。

真理《しんり》の前《まえ》に跪《ひざまず》くことは、不幸の中《なか》に身をまかせていることよりも一層勇《いっそうゆう》敢《かん》なことであることを知らねばならない。

懺悔　自分の犯した罪を自覚して悔い改め、行いを改めること
表白　考えや心情を言葉で表すこと

七月二日

本当《ほんとう》の平和《へいわ》はわが心が神に結ばれたときのみに得《え》られるのである。神さえあれば何《なに》も要《い》らない。心に神を持つことは「全《すべ》て」を持つことである。神は「全《すべ》ての全《すべ》て」であるからである。

頭注版㊳五頁

七月三日

吾等《われら》のすべての経験《けいけん》は、自分《じぶん》の内《うち》にある「神」を掘《ほ》り出《だ》す作業《さぎょう》である。どんなにそれが失敗《しっぱい》したように見えようとも、どんなにそれが深刻《しんこく》であり、悲《ひ》惨《さん》なように見えようとも、それが深刻であり、悲惨であればあるほど、吾等《われら》の神に通《つう》ずる坑道《こうどう》は深く穿《うが》たれて行《ゆ》きつつあるのである。

深く深く掘《ほ》り下《さ》げて行《ゆ》くうちには、やがて広々《ひろびろ》とした世界《せかい》に出る。そこは、もう何《なん》の悲惨もない、常楽《じょうらく》のみの世界なのである。

頭注版㊳五頁

坑道 鉱山などの地下の通路
常楽 仏教語。「常楽我浄」の略。悟りに至れば常に安楽であり、自在であり、煩悩を脱して清浄であること

どんな経験《けいけん》も、苦しい経験も、楽しい経験も、唯《ただ》、吾々《われわれ》は神に近づく掘《ほ》り下《さ》げ方《かた》だとして喜《よろこ》ばねばならない。

七月四日

宗教《しゅうきょう》とは死なぬ道《みち》を教《おし》えるものである。不滅《ふめつ》の道を教えるものである。或《あ》る場合《ばあい》には、それは「個《こ》」と「全体《ぜんたい》」との関連《かんれん》に於《お》て。「個」は「全体」とつながっているものなるが故《ゆえ》に、「個」は滅《ほろ》びたように見えても、「全体」は滅びないから、それにつながる「個」も滅びないというような考え方に於《お》て。

或《あ》る場合には、それは国家理念《こっかりねん》の立場《たちば》に於《お》て。「個人《こじん》」は滅《めっ》しても「理《り》念《ねん》」は滅びないが故《ゆえ》に、国家理念のために没《ぼっ》し切《き》った個人の生命《せいめい》は永遠《えいえん》に滅びないというような考え方に於《お》て。

私は、日本《にっぽん》を「久遠無窮《くおんむきゅう》」の「理念」の体現《たいげん》として愛したいのである。私

頭注版㊳六頁

久遠無窮　永遠・無限にきわまりないさま

体現　具体的な形であらわすこと

は限《かぎ》りなく日本《にっぽん》の国《くに》を愛する。

七月五日

汝《なんじ》の欲《ほっ》する事物《じぶつ》の上《うえ》に汝《なんじ》の心を集注《しゅうちゅう》せよ。汝《なんじ》の欲《ほっ》せざる事物の上に汝《なんじ》の心を集注してはならない。病《やま》いを欲《ほっ》するならば、病《やま》いの上に心を集注せよ。症状《しょうじょう》を気にかけよ、心配《しんぱい》せよ。然《しか》らば汝《なんじ》の病《やま》いは必《かなら》ず増大《ぞうだい》すべし。心をそれに集注するものが実現《じつげん》するからである。多くの人々《ひとびと》が何故《なぜ》不幸《ふこう》であり、不《ふ》健康《けんこう》であるかの原因《げんいん》は、好《この》まないものに殊更《ことさら》に心を集注して心配するからである。何故《なぜ》君《きみ》は、自己《じこ》の欲《ほっ》せず希望《きぼう》せざるものの上に心を集注するのであるか。

幸福《こうふく》ならんと欲《ほっ》する者《もの》は、自己の幸福のみに心を集注せよ。他《た》の人《ひと》の幸福のみに心を集注せよ。他《た》の人の幸福を羨《うらや》んではならない。幸福を羨《うらや》む心は、幸福を否定《ひてい》し、抑制《よくせい》し、不幸を欲《ほっ》する心であるが故《ゆえ》に、みずからの不幸を招《まね》

抑制　おさえてとどめること

頭注版㊳七頁

くのである。他人《たにん》の幸福《こうふく》を自己《じこ》の幸福と観《かん》じ得《う》るものは、自分《じぶん》が今如何《いまいか》に現《げん》実《じつ》に乏《とぼ》しくとも、他《た》のすべての人《ひと》の幸福が自分自身《じぶんじしん》の幸福であるが故《ゆえ》に、既《すで》に豊《ゆた》かであるのである。

汝《なんじ》の欲《ほっ》する事物《じぶつ》の上《うえ》に汝《なんじ》の心を集注《しゅうちゅう》するとき念《ねん》の創化作用《そうかさよう》によって、ついにそれをこの世界《せかい》に現実化《げんじつか》するに到《いた》るのである。汝《なんじ》、何《なに》を欲《ほっ》するや。これを先《ま》ず自己自身《じこじしん》に問え。しかして健康《けんこう》を欲《ほっ》するならば、「われは完全《かんぜん》なる健康なり。われは生命《せいめい》なり、われは神の子なり、われは永遠《えいえん》の存在《そんざい》なり、われは不老《ふろう》なり、われは不死《ふし》なり。われは何物《なにもの》をも羨《うらや》まず。われは日々《ひび》に一層《いっそう》、神の子の完全さを顕現《けんげん》するなり」と常《つね》に精神《せいしん》を集注して念《ねん》ずべし。

諸君《しょくん》が成功《せいこう》を欲《ほっ》するならば、常に偉大《いだい》なる物《もの》のみを心に描《えが》け。偉大を念《ねん》ぜずして偉大になった者《もの》は一人《ひとり》もないのである。小《しょう》なる計画《けいかく》は人を魅《ひ》きつける磁石的力《じしゃくてきちから》を有《ゆう》しないのである。いやしくも失敗《しっぱい》を予想《よそう》すること勿《なか》れ。しかし細心《さいしん》であれ。一歩一歩《いっぽいっぽ》を大切《たいせつ》にすべし。大望《たいもう》を抱《いだ》くものは日常生活《にちじょうせいかつ》に気

創化作用　形がなかったものを形に現し出す作用

顕現　形をとってあらわれること

いやしくも　かりにも。かりそめにも

をつけるのである。気をつけることと、恐怖《きょうふ》することとはちがうのである。将棋《しょうぎ》の木村名人《きむらめいじん》のように一分《ぷん》一秒《びょう》をも大切《たいせつ》にして、しかも最後《さいご》の勝利《しょうり》を前途《ぜんと》に描《えが》く者《もの》は遂《つい》に勝つのである。

心の法則《ほうそく》を知らざる者は、健康《けんこう》を欲《ほっ》しながら病気《びょうき》を念《ねん》じ、成功《せいこう》を欲《ほっ》しながら失敗《しっぱい》に精神《せいしん》を集注《しゅうちゅう》し、すべて逆《ぎゃく》に逆にと心を使うから失敗するのである。されば健康を欲《ほっ》し成功を欲《ほっ》するものは少《すくな》くともその基礎知識《きそちしき》として勝利の常識《じょうしき》として私の『人生《じんせい》は心で支配《しはい》せよ』の本一冊位《さつぐらい》は読んでおかなければならないのである。

七月六日

罪《つみ》と病《やまい》と死とは、畢竟存在《ひっきょうそんざい》せざるものを夢中《むちゅう》に描《えが》ける妄想《もうぞう》に過《す》ぎないのである。吾々《われわれ》が実際《じっさい》に金殿玉楼《きんでんぎょくろう》に錦繍《きんしゅう》の褥《しとね》を布《し》いて寝《ね》ていても、夢《ゆめ》の中《なか》で地獄《じごく》で病気《びょうき》に苦しむ相《すがた》を描《えが》こうと思えば描《えが》ける。そして、それを実在《じつざい》の如《ごと》く

木村名人　明治三十八～昭和六十一年。木村義雄。将棋棋士。十四世名人。著書に『将棋大観』等がある

されば　そうであるから

『人生は心で支配せよ』　昭和十五年、光明思想普及会刊。著者が立教前にホームズの著書を翻訳した『如何にせば運命を支配し得るか』を大幅に改訂したもの。戦後も版を重ね、「谷口雅春著作集」第十巻等として出版されている

頭注版㊳八頁

畢竟　つまり。結局

妄想　根拠のないことを事実と思い込むこと

金殿玉楼　きわめて豪華で美しい建物

錦繍　上等な織物

褥　布団。寝床

感《かん》じて苦しむのである。しかし、夢中《むちゅう》に如何《いか》に苦しもうとも、それは実在《じつざい》ではないのであって、やはり金殿玉楼《きんでんぎょくろう》に錦繍《きんしゅう》を纏《まと》うて眠《ねむ》っているという事《こと》の事実《じじつ》を否定《ひてい》することは出来《でき》ないのである、それと同じく、罪《つみ》と病《やまい》と死とは如何《いか》にあるかの如《ごと》く見えても、実《じつ》はここが蓮華蔵国《れんげぞうこく》であり、極楽浄土《ごくらくじょうど》であり、このままここが天国《てんごく》であって、万《よろ》ずのよきものが充満《じゅうまん》している世界《せかい》であるのだということに間違《まちがい》は無《な》いのである。人類《じんるい》よ眼《め》の蔽《おお》いを除《と》れ。汝等《なんじら》がこの世界に不幸《ふこう》、病気《びょうき》、憂苦《ゆうく》充満せりと見るのは肉体《にくたい》の眼《め》を以《もっ》て見るからである。『法華経《ほけきょう》』の「如来寿量品《にょらいじゅりょうほん》」の自我偈《じがげ》に「衆生《しゅじょう》、劫《こう》尽《つ》きてこの世《よ》の焼くると見る時《とき》も、わが浄土《じょうど》は安穏《あんのん》にして天人常《てんにんつね》に充満せり。諸々《もろもろ》の堂閣《どうかく》種々《しゅじゅ》の宝《たから》もて荘厳《しょうごん》せり……我《わ》が浄土は壊《え》せざるに、衆《しゅう》は焼《や》け尽《つ》きて諸々《もろもろ》の憂怖《うふ》充満せりと見る」とあるのを、大抵《たいてい》の仏教者《ぶっきょうしゃ》は、「この世界が焼けつきるような時が来ても、心さえ動《どう》じなかったら、心の中《なか》には天人が充満しているのも同じことであり、立派《りっぱ》な堂塔伽藍《どうとうがらん》がそびえ立って立派な宝が一杯飾《いっぱいかざ》っ

蓮華蔵国　阿弥陀仏の浄土。極楽

「如来寿量品」の自我偈　「如来寿量品」は『法華経』第十六品。偈文が「自我得仏来」で始まるため「自我偈」とも呼ばれる

衆生、劫尽きて　すべての命あるものの寿命が尽きて

堂閣　立派な御殿

憂怖　悩みや恐怖心

堂塔伽藍　寺院の建物の総称

てあるのも同じようなものだ。この身《み》は殺されても、心の中《なか》に確立《かくりつ》された浄土《じょうど》は壊《くだ》くことが出来《でき》ない。釈尊《しゃくそん》は、衆生《しゅじょう》たちが焼けつきて阿鼻叫喚《あびきょうかん》の状態《じょうたい》を演《えん》じていても、いつも花降《はなふ》るような心境《しんきょう》にいられるのだ」というような意味《いみ》に解釈《かいしゃく》しているのであるが、これは頗《すこぶ》る浅い解釈だといわなければならないのである。快川禅師《かいせんぜんじ》の「心頭《しんとう》を滅却《めっきゃく》すれば火も亦涼《またすず》し」などといって実際《じっさい》に焼け死んだのも、「心頭《しんとう》」の浅いところに「火の涼しさ」を弄《もてあそ》んでいるからである。浄土が今《いま》ここに儼存《げんそん》しているという事実《じじつ》は、心頭《しんとう》や心境や、思いつきや、感《かん》じなどの浅い問題《もんだい》ではないのである。儼《げん》として今ここに、実相《じっそう》の浄土が存在《そんざい》するのであって、その実相円満完全《じっそうえんまんかんぜん》の表面《ひょうめん》に、心頭《しんとう》を滅却《めっきゃく》したり、心境を一変《いっぺん》したり、向下《こうげ》したり、向上《こうじょう》したり、劫火《ごうか》が燃えていたり、原子爆弾《げんしばくだん》が爆発《ばくはつ》したり、衆生《しゅじょう》が阿鼻叫喚《あびきょうかん》につつまれていても、それは玲瓏円月上《れいろうえんげつじょう》の浮雲《ふうん》が描《えが》く陰影《いんえい》に過《す》ぎないのである。病気《びょうき》も亦《また》、一片《ぺん》の浮雲《ふうん》に過ぎない。三省《さんせい》して自己《じこ》の実相の円満完全さを見よだ。

阿鼻叫喚　ひどい苦痛で泣き叫ぶこと
頗る　非常に
快川禅師　快川紹喜。文亀二～天正十年。戦国・安土桃山時代の臨済宗の僧。武田氏の招きで甲斐の恵林寺住職となる。織田信長の軍勢によって寺が焼き払われて火中に没した。天正十年、正親町天皇より「大通智勝国師」の国師号を賜った
「心頭を滅却…」　唐の詩人杜荀鶴の詩にある言葉。心の持ち方次第で、どんな困難にも耐えられること
儼存　確実に存在すること
劫火　世界が壊滅する時にこの世を焼き尽くすという大火災
玲瓏円月　澄み透って明るく照り輝く満月
三省　『論語』「学而」にある孔子の言葉。一日に何度もわが身を省みること

七月七日

健康《けんこう》を得《え》んと欲《ほっ》するならば、自己《じこ》の生命《せいめい》を「神の生命《せいめい》」なりと観《かん》ぜよ。神は健康であって病気《びょうき》に罹《かか》るなどのはずはないのであるから、「神の生命《せいめい》」が自己の生命《せいめい》であると観《かん》じられる限《かぎ》りに於《お》いて健康を失うことはあり得《え》ないのである。瞑目合掌《めいもくがっしょう》して自己の全身《ぜんしん》が「神の生命《せいめい》」に満《み》たされて光明燦然《こうみょうさんぜん》と輝《かがや》いている有様《ありさま》を瞑視《めいし》して、それに精神《せいしん》を統一《とういつ》せよ。漠然《ばくぜん》と「健康」と観《かん》ずるよりも、具体的《ぐたいてき》に観《かん》ずる方《ほう》が一層効果《いっそうこうか》が多いのである。自己の顔色《かおいろ》が桜色《さくらいろ》に輝き、筋肉《きんにく》はたくましく、内臓《ないぞう》が健《すこや》かにその職能《しょくのう》を果《はた》しつつある事実《じじつ》を心に描《えが》いて観《かん》ぜよ。次の如《ごと》く具体的に心に唱《とな》えながら観《かん》ぜよ、「神わが眼《め》にプラナを流《なが》れ入《い》らしめたまい、わが眼《め》を祝福《しゅくふく》して言いたまわく、『眼《め》よ、健《すこや》かであれ』と。即《すなわ》ちかくなりぬ。この眼《め》は神の眼《め》であって、神はこの眼《め》を通《とお》して自己の創造《そうぞう》の美しさを鑑賞《かんしょう》したまうのであるから、毎日《まいにち》一層わが眼《め》の

頭注版㊳一〇頁

燦然　光り輝いているさま

瞑視　目を閉じて心の眼で見ること

職能　物事がその機構の中で果たす役割

プラナ　人体から放射される一種の磁気。生命磁気ともいう

かくなりぬ　このようになった

鑑賞　芸術作品などを味わうこと

視力《しりょく》は増大《ぞうだい》するのである。神わが耳にプラナを流《なが》れ入《い》らしめ給《たま》いて、わが耳を祝福《しゅくふく》して言いたまわく『耳よ、健《すこや》かであれ』と。即《すなわ》ちかくなりぬ。この耳は神の耳であって、神はこの耳を通《とお》して大自然及《だいしぜんおよ》び神の子たる人間《にんげん》の音楽《おんがく》の如何《いか》に美しきかを鑑賞《かんしょう》したまうのであるから、毎日一層《まいにちいっそう》わが耳の聴力《ちょうりょく》は微妙《びみょう》であって如何《いか》なるデリケートな音調《おんちょう》でも聴《き》き分《わ》けることが出来《でき》るのである。神わが鼻より咽喉《いんこう》、気管《きかん》、気管支《きかんし》、肺臓及《はいぞうおよ》び肋膜《ろくまく》にプラナを流《なが》れ入《い》らしめたまいて、これらを祝福して言い給《たま》う『呼吸器《こきゅうき》よ、健《すこや》かであれ』と。即《すなわ》ち斯《か》くなりぬ。わが肺臓は神の霊《れい》が神の生命《せいめい》を吸収《きゅうしゅう》するための器官《きかん》として具象化《ぐしょうか》したまいしものであるから霊的実在《れいてきじつざい》であるのである。だから決《けっ》して黴菌《ばいきん》に侵《おか》されるようなものではないのである。自分《じぶん》はこの内臓《ないぞう》が病菌《びょうきん》に侵されるというような人類《じんるい》の共通観念《きょうつうかんねん》を今《いま》かなぐり捨《す》てたのである。神の祝福したまいし如《ごと》くわが肺臓は健《すこや》かであるのである。神わが心臓《しんぞう》にプラナを流《なが》れ入《い》らしめ給《たま》いてこれを祝福して言い給《たま》わく『心臓よ、健《すこや》かであれ』

気管支　気管の下端が左右に分かれてから肺に連なるまでの部分

肋膜　肺の外部を覆う膜。胸膜

と。即《すなわ》ち斯《か》くなりぬ。わが心臓《しんぞう》は神の愛の具体化《ぐたいか》であるのである。だからわれは神がすべての人《ひと》を愛したまう如《ごと》くわれも亦《また》すべての人々《ひとびと》を愛したのである。神がすべての人々をゆるし給《たま》う如《ごと》くわれも亦《また》すべての人々をゆるしたのである。だからわが愛の感情《かんじょう》は常《つね》に平安《へいあん》である。わが愛の感情は平安であるが故《ゆえ》に常にわが心臓も平安であるのである……」このようにして「神が祝福《しゅくふく》し給《たま》う」という想念《そうねん》と言葉を通《とお》して現実的《げんじつてき》に一《ひと》つ一つの身体各部《しんたいかくぶ》を健《けん》全化《ぜんか》して視《み》るのである。「神プラナを流《なが》れ入《い》らしめ給《たま》いて……」と念《ねん》ずるときに、神のプラナを吸《す》い込《こ》むような気持《きもち》で呼吸《こきゅう》をそれに合致《がっち》せしめると一層《いっそう》よいのである。

七月八日

ローマが滅亡《めつぼう》したのは、理念又《りねんまた》は理想《りそう》に対《たい》する献身的態度《けんしんてきたいど》や、持久《じきゅう》の精《せい》神《しん》、堅忍不抜《けんにんふばつ》の精神の衰頽《すいたい》したのによるのである。

合致　ぴったり合うこと。一致すること

頭注版㊳一二頁

持久　長い間持ちこたえること

堅忍不抜　堅く耐え忍んで心を動かさないこと

衰頽　勢いや活力が衰えて弱まること

ものの尊《とうと》さも、国《くに》の尊さも、今《いま》ある形《かたち》の大きさによるのではない。理想《りそう》——理念《りねん》を失ったものは、既《すで》に内容《ないよう》のない形骸《けいがい》ばかりのものになっているのだから、今はまだ生々《いきいき》していようとも、それは既《すで》に幹《みき》から断《た》ち切《き》られた生花《いけばな》のようなものである。それは時間《じかん》のたつに従《したが》って、衰滅枯渇《すいめつこかつ》して行《ゆ》くほかにありようはないのである。

どんなに小さくとも生ける理念を内部《ないぶ》に失わないものは、時期《じき》が来れば生《せい》長《ちょう》するほかはないのである。それは生命《せいめい》の種子《たね》であり、機会毎《きかいごと》に伸《の》びるのだ。

西欧文化《せいおうぶんか》は、偉大《いだい》のように見えても、もう理念が失われている。日本《にっぽん》も久《く》遠無窮《おんむきゅう》の理念が失われたとき弱体化《じゃくたいか》するのである。理念が本当《ほんとう》の「日本《にっぽん》」であって、形《かたち》はその影《かげ》に過《す》ぎない。日本《にっぽん》を大《おお》いに復興《ふっこう》しようと思うならば、「日本《にっぽん》」の理念を復興しなければならぬ。

形骸　中身がなく、外形だけが残った抜け殻

衰滅　勢いが衰えて滅びること

枯渇　水分がかれてなくなること

復興　一旦衰えた物事を再び盛んにすること

七月九日

困難《こんなん》を避《さ》けて遊惰《ゆうだ》を喜《よろこ》ぶようになったとき、その民族《みんぞく》の衰頽《すいたい》は始まる。

今《いま》、吾々《われわれ》に課《か》せられた状態《じょうたい》が如何《いか》にあろうとも、今が、そしてその状態が自己《じこ》の魂《たましい》の進歩《しんぽ》にとり最善《さいぜん》の時《とき》であり、最好《さいこう》の機会《きかい》なのである。吾々《われわれ》が吾々自身《われわれじしん》を見出《みいだ》すところの今の環境《かんきょう》が、その時と処《ところ》とに於《お》いて吾々《われわれ》にとって最《もっと》もよいということである。吾々《われわれ》の前《まえ》に起《おこ》るところの義務《ぎむ》は、そして手近《てぢか》にあるところの総《すべ》てのものは、吾々《われわれ》を導《みちび》く神の智慧《ちえ》が開《ひら》かれつつあるところの道《みち》である。家庭《かてい》の茶飯事《さはんじ》、その勤《つと》める店《みせ》での呼鈴《よびりん》に応《こた》えること、事務所《じむしょ》で働《はたら》くこと、病《や》める隣人《りんじん》を、又《また》は親類縁者《しんるいえんじゃ》を看護《かんご》すること等《など》は散文的《さんぶんてき》な、あまり馨《かんば》しからぬ仕事《しごと》のように見えるかも知れない。それはそうかも知れないが、しかし吾々《われわれ》の日常生活《にちじょうせいかつ》に於《お》ける義務を、神に対《たい》する義務の如《ごと》く、また、人生《じんせい》に捧《ささ》げる捧《ささ》げ物《もの》の如《ごと》く忠実《ちゅうじつ》に行《おこな》うことは、その人《ひと》の魂《たましい》に与えら

頭注版㊳一三頁

遊惰　仕事もせずに遊びなまけること

茶飯事　日常の普通のこと。ありふれたこと

散文的　詩情に乏しく深い味わいやおもしろみがないさま

馨しからぬ　好ましくない。魅力的でない

れたる日課《にっか》を果《はた》すということになるのである。そしてその時《とき》その場《ば》に於《お》ける内部《ないぶ》に宿《やど》る神の催《もよお》しに従《したが》うこと、総《すべ》ての時に於《お》いて神の掟《おきて》を守りて正しく生きること、又生活《またせいかつ》が吾等《われら》に齎《もた》らしたるところの総《すべ》ての位置《いち》に於《お》いて全力《ぜんりょく》を尽《つく》して試《こころ》みることは、魂《たましい》の向上《こうじょう》の道《みち》に入《い》るための日々《ひび》の課業《かぎょう》であるのである。人《ひと》から見て目覚《めざ》ましい仕事《しごと》を為《な》すということは、それは既《すで》に報《むく》いを受けたのであるから、それ程《ほど》の価値《かち》はないのである。総《すべ》ての人生《じんせい》の出来事《できごと》と環境《かんきょう》に於《お》いて、人から見て目立《めだ》たない仕事を人のために尽《つく》すとき、その報いは天《てん》の倉《くら》に貯《たくわ》えられるのである。総《すべ》ての善《ぜん》は神よりのみ来《く》るのである。だから決《けっ》して善行誇《ぜんぎょうぼこ》りに陥《おちい》ってはならないのである。重ねていう、すべての善《ぜん》は神よりのみ来《く》るのであるという事《こと》を記憶《きおく》せよ。されば、自分《じぶん》の善《ぜん》を誇《ほこ》ってはならないし、又《また》どんな困難《こんなん》が来ても恐《おそ》れてはならないのである。無限者《むげんしゃ》なる神に信頼《しんらい》さえすれば、総《すべ》ての悩《なや》みより吾々《われわれ》は保護《ほご》され、あらゆる場合《ばあい》の危険《きけん》より吾々《われわれ》は守護《しゅご》されるのである。更《さら》に又《また》、総《すべ》ての供給《きょうきゅう》は神より来《きた》るので

課業　なすべき仕事や学業

善行誇り　善い行いを見せびらかすこと

あるから御心《みこころ》を行《ぎょう》じていて吾《われ》らは決《けっ》して乏《とぼ》しきことはあり得《え》ないのである。神は唯一《ゆいいつ》の本源《ほんげん》であり、吾等《われら》の求める総《すべ》てのものを豊《ゆた》かに与《あた》え給《たま》うているのである。吾々《われわれ》がもしこの高き意識《いしき》の中《うち》に生活《せいかつ》するならば、すべてはよくなり自己《じこ》に来《く》る総《すべ》ての事件《じけん》は最初《さいしょ》は如何《いか》に見えても好転《こうてん》するほかはないのである。いざ、読者諸君《とくしゃしょくん》よ、常《つね》に次の如《ごと》く念《ねん》ぜよ。

「神は吾《われ》と偕《とも》なれば吾《われ》は大《おお》いなる力《ちから》と共《とも》にあり。神はわが護《まも》りなれば、誰《たれ》か吾《われ》に逆《さから》うものあらんや。」

常にこの信念《しんねん》を把握《はあく》して、神に対《たい》して任《まか》せるとき、荊棘《いばら》は切りひらかれ、道《みち》なき所《ところ》に道を生《しょう》じ、沙漠《さばく》に花咲《はなさ》き、豊かなる富《とみ》の恵《めぐ》みは噴泉《ふんせん》を成《な》して湧《わ》き出《い》ずるであろう。

七月十日

吾《わ》れを導《みちび》くものは神である。（これは私自身《わたしじしん》だけのことをいっているので

好転　よい方に向かうこと

噴泉　強く噴き出る泉

頭注版㊳一五頁

はない）全《すべ》ての人間《にんげん》は「吾《わ》れを導《みちび》くものは神である」と自覚《じかく》しなければならないのである。

神の国《くに》に到《いた》る「道《みち》」は、自分《じぶん》のうちにある。我《われ》は「道」なり――とイエス・キリストはいっている。「我《われ》は真理《しんり》なり、道なり、生命《いのち》なり、我《われ》によらずして神の国《くに》に到《いた》りし者《もの》なし」とは肉体《にくたい》イエスのことではない。万人《ばんにん》のうちに宿《やど》る真理なるキリスト（Christ Ideal）のことである。

静かに瞑目《めいもく》して我《わ》が内《うち》に無限《むげん》の叡智《えいち》が宿《やど》っていることを黙念《もくねん》せよ。そこから、その日《ひ》その日為《な》すべき「道」が示される。神は「智慧《ちえ》」であり、「道」であり、我等《われら》の内《うち》に宿ってい給《たま》うのである。

七月十一日

まのあたり、今《いま》、ここに、この身《み》のうちに、神のいのち宿りいますを感《かん》じ、神の智慧《ちえ》宿りいますを感じ、神の愛に取巻《とりま》かれてあることを感ずる者は

「我は真理なり、…」『新約聖書』「ヨハネ伝」第十四章にあるイエスの言葉

黙念　声を出さずに念ずること

頭注版㊳一六頁

まのあたり　目前にしているさま。実際に

幸《さいわ》いである。しかしそれを感《かん》じ得《え》ない者《もの》はどうしたら好《よ》いか？

――何故《なぜ》かれは感じないのであるか？

――彼自身《かれじしん》が感じないからである。

――どうしたら感《かん》じ得《う》るようになるか？

――彼自身が感ずるようにすれば好《よ》いのである。

――感ずるようにするにはどうしたら好《よ》いか？

――感ずるということは、一《ひと》つの認識作用《にんしきさよう》であるから、感ずる対象《たいしょう》と同じ波《なみ》をこちらが起《おこ》さねばならぬ。神を感ずるには、神は愛であるから、愛の波を自分《じぶん》の内《うち》に動かさねばならぬ。

静かに眼《め》を瞑《つむ》って、

「われは全《すべ》てを愛し
全《すべ》てはわれを愛す」

と「実相《じっそう》を観《かん》ずる歌《うた》」の一節《せつ》を繰返《くりかえ》し繰返《くりかえ》し念《ねん》ずるが好《よ》い――その心のリ

「実相を観ずる歌」『生長の家』誌昭和八年六月号に発表された詩。本全集第十四巻「観行篇」上巻の巻頭に収録。江藤輝によって作曲され、生長の家の聖歌となった。楽譜は『生長の家』誌昭和十一年九月号に発表された

ズムの中《うち》に吾々《われわれ》は神を感《かん》ずることが出来《でき》るのである。
また神は「生命《いのち》」である。すべてを生かしているのは神の生命《せいめい》であるから、我等《われら》が神を自分《じぶん》のうちに感ずるためには、すべてを生かす心を起《おこ》したときに、その心のリズムの中《なか》に、その心の波長《はちょう》の上に霊感的《れいかんてき》に感応《かんのう》するところの神を感ずることが出来るのである。だから神を心に感じようと思うならば、時々《ときどき》、寸暇《すんか》を利用《りよう》して瞑目《めいもく》心を静め、「実相《じっそう》を観《かん》ずる歌《うた》」の一節《せつ》――

「神は生命《いのち》にして
我《われ》は神の子なれば
我《われ》は全《すべ》てを生かし、
全《すべ》ては我《われ》を生かす」

と心の中《なか》に繰返《くりかえ》し繰返《くりかえ》し念《ねん》ずるならば、「個《ひとり》」と「全体《ぜんたい》」との繫《つな》がりの意《い》識《しき》が蘇生《よみがえ》って来て、神を衷《うち》に感ずることが出来るのである。

寸暇　わずかな暇

衷　心。心の中

七月十二日

あの利益《りやく》、この利益《りやく》と求めている者《もの》にもお蔭《かげ》はあることもあるが、割合《わりあい》にお蔭《かげ》が少《すくな》いものである。何故《なぜ》なら現象《げんしょう》に捉《とら》われて、生命《せいめい》それ自身《じしん》の自由自《じゆうじ》在《ざい》さを失ってしまい易《やす》いからである。

あの利益《りやく》、この利益《りやく》と求めるものは近眼《ちかめ》である――心の近眼《ちかめ》である。孑孑《ぼうふら》を追い求むるよりも呑舟《どんしゅう》の大魚《たいぎょ》を求むに若《し》かずである。

いい、すべての利益《りやく》が与えられているのに、あの利益《りやく》、この利益《りやく》と求めるには及《およ》ばないのである。

神は「全《すべ》ての全《すべ》て」であるから、神をわが内《うち》に見出《みいだ》せば、「全《すべ》てのもの」は自《おのずか》ら調《ととの》うのである。

何《なに》よりも、先《ま》ず「神」である。

その「神」が自分《じぶん》の内部《ないぶ》に宿《やど》っているのに、多くの人《ひと》は未《いま》だ自分自身《じぶんじしん》を拝《おが》

頭注版㊳一七頁

孑孑　蚊の幼虫

呑舟の大魚　『荘子』「庚桑楚」にある言葉。舟を丸呑みにするほどの大きな魚。転じて大人物や大物

若かず　…に越したことはない。…が最もよい

んだことがなかった。自分自身《じぶんじしん》に感謝《かんしゃ》したことがなかった。幸福《こうふく》な人《ひと》が少《すくな》くて、不幸《ふこう》な人が多いのも、そうした理由《りゆう》から当然《とうぜん》のことである。

見よ！　先《ま》ず自分《じぶん》の中《うち》に宿《やど》る神を！　吾等《われら》は先《ま》ず自分自身の中《うち》の「神」を拝《おが》むことを教《おし》え、自分自身の中《うち》の「神」に感謝することを教える。かくの如《ごと》くして、吾等《われら》は次第《しだい》に進んで各人自身《かくじんじしん》の中《うち》に「神」を宿したまうた本源《ほんげん》の神を拝むことを知るのである。

七月十三日

頭注版㊳一九頁

神はすべてのすべてだと判《わか》ったら、罪《つみ》を犯《おか》してまでも何《なに》を求めることがあろう。「罪」というほどでないにしても、「無理《むり》」なことをしてまで何《なに》を求める必要《ひつよう》があろう。すべての必需物《なくてならぬもの》は神すべてを与えていたまうのである。ただそれを見出《みいだ》せば好《よ》いのである。

「ただ見出《みいだ》せば好《よ》い」といっても、手を拱《つか》ねて凝《じっ》としておれという意味《いみ》では

手を拱ねる　腕組みをすること。何もせずに傍観していること

ない。法爾《ほうに》として、法爾《ほうさなが》らに自然《じねん》に動き出してくる如《ごと》く素直《すなお》に動けば好《よ》いのである。「無理《むり》な動き」を厭《いと》うのであって、「法爾《ほうさなが》らに動く」ことを尊《とうと》ぶのである。仏《ほとけ》の掌 中《しょうちゅう》にあって、仏《ほとけ》のみこころのままに動くのである。

法爾（ほうに）　真理そのままに
厭う　嫌って避ける

七月十四日

何《なに》かが自分《じぶん》にとって欠乏《けつぼう》しているならば、その「何か」が自分の中《うち》に欠乏しているのである。自分の見出《みいだ》し方《かた》が欠乏しているか、法爾《ほうさなが》らの動きが欠乏しているかである。「無限供給《むげんきょうきゅう》」は今ある——既《すで》にある——ここにある。法爾《ほうさなが》らの動きは、それを唯開《ただひら》くのである。

頭注版㊳一九頁

七月十五日

愛しなかったならば、戻《もど》って来ることは少《すく》ない。時計《とけい》は廻《まわ》るように出来《でき》ており、時間《じかん》を正確《せいかく》に指示《しじ》するように物理的精密《ぶつりてきせいみつ》さで出来ているが、それでさえも吾々《われわれ》がもし愛しなかったら停《とま》ってしまうのである。

そんな馬鹿《ばか》なことはない、捻子《ねじ》さえ廻《まわ》しておけば時計は物理的《ぶつりてき》に廻《まわ》るのだと抗弁《こうべん》する人《ひと》があるかも知れぬ。

では、「誰《たれ》が捻子《ねじ》を掛《か》けるのであるか？」

人間《にんげん》の愛が、人間の時計に対《たい》する「関心《かんしん》」が、捻子《ねじ》を掛けるのであって、物理的な力《ちから》のみでは決《けっ》して、時計に捻子《ねじ》を掛けないのである。

私の懐中時計《かいちゅうどけい》ロンジンは、誌友《しゆう》から贈《おく》られたものであるが、講演旅行《こうえんりょこう》などで携帯《けいたい》する時《とき》には十日間位《とおかかんぐらい》絶対《ぜったい》に時間を合《あ》わさないでも数秒《すうびょう》も指針《ししん》の誤《ご》差《さ》はないが、さて旅行《りょこう》から帰ってくると、本箱《ほんばこ》の前方《ぜんぽう》に吊《つ》り下《さ》げられたまま

頭注版㊳二〇頁

抗弁　相手の意見に対抗して、自分の考えを主張すること

懐中時計　ふところやポケットに入れて携帯する小型の時計

ロンジン LONGINES 商標名。同名のスイスの時計メーカーの製品

指針　目盛りを指示する針

停《とま》っていたり、時間《じかん》が遅《おく》れたりしている。時計《とけい》の必要《ひつよう》を感《かん》じないので、時計をそれほど愛しなくなるからである。

時計を動かすのも愛の力《ちから》である。

愛のみ生かす。知的《ちてき》に真理《しんり》を理解《りかい》したといっても、それだけでは時計の構《こう》造《ぞう》を理解したと同じである。時計の構造を理解しただけで時計が動かないのと同じく、真理も知的に理解しただけでは生命《せいめい》を生かす力がないのである。

時計の精《くわ》しい構造を知らなくとも、教《おし》えられた通《とお》りに素直《すなお》に信じて龍頭《りゅうず》を廻《まわ》せば時計は動く。それと同じく、真理の詳《くわ》しい理論《りろん》は知らなくとも、愛することの出来《でき》る人《ひと》は、そして教えられた通りに素直に信じて実行《じっこう》する人は、人を生かすことが出来るのである。

龍頭　懐中時計・腕時計のねじを巻くためにつまむ部分

七月十六日

神を御利益信心《ごりやくしんじん》の対象《たいしょう》にのみする者《もの》は神の全貌《ぜんぼう》を知らないものである。

頭注版㊳二一頁

全貌　全体の姿やありさま

神は父であるから、神は愛であるから、神は智慧《ちえ》であるから、神は生命《せいめい》であるから、財的《ざいてき》な御利益《ごりやく》以上《いじょう》の無限供給《むげんきょうきゅう》であるのである。

人間《にんげん》の父でさえもただ物質《ぶっしつ》だけを家族《かぞく》に与えて満足《まんぞく》している者《もの》ではないのである。人間の父でさえも「父とは金《かね》を供給《きょうきゅう》してくれるだけの道具《どうぐ》である」と思っていては、父の心も気不味《きまず》くなり、その金《かね》さえも供給してくれなくなるであろう。

神は「無限《むげん》の赦《ゆる》し」であるから、神を御利益信心《ごりやくしんじん》の対象《たいしょう》としてのみ取扱《とりあつか》っていても、神は我《われ》らを罰《ばっ》し給《たま》うことはないであろう。またその供給を惜《お》しみ給《たま》うこともないであろう。しかし、神と人間との関係《かんけい》は父と子との関係であるから、神をただ「物的供給《ぶってききょうきゅう》の源泉《げんせん》」として視《み》るものは、神から最《もっと》も少《すくな》くを得《う》るものなのである。

先《ま》ず神を愛せよ。父を愛する如《ごと》く、母を愛する如《ごと》くに神を愛せよ、然《しか》らば神もまた、父の如《ごと》く母の如《ごと》く我等《われら》を愛し給《たま》うであろう。否既《いなすで》に愛していて下《くだ》さるのであるが――我々《われわれ》が神を愛することを始《はじ》めるまではそれを拒《こば》んでいたのである。我々《われわれ》が神を愛しはじめるとき、我々《われわれ》の心のリズムが初《はじ》めて「神」の愛を捕捉《キャッチ》する――そこに物質《ぶっしつ》の無限供給《むげんきょうきゅう》のみならず、吾等《われら》は一切万事《いっさいばんじ》をキャッチするのだ。

捕捉（ほそく）　とらえること。つかまえること

七月十七日

頭注版㊳一一二頁

今《いま》の段階《だんかい》に於《お》いて、吾《われ》らが知的《ちてき》に理解《りかい》し得《え》ないものといえども、必《かなら》ずしも存在《ぞんざい》を否定《ひてい》することは出来《でき》ない。野蛮人《やばんじん》には電子《でんし》も、電波《でんぱ》も、ラジオも知的に理解し得《う》るものではない。しかし、吾等《われら》はそれを知的に理解し得《う》るのである。

人類《じんるい》がもっと知的に進歩《しんぽ》して来た時《とき》には、現在《げんざい》「奇蹟《きせき》」と認《みと》められている物事《ものごと》も、ただ尋常茶飯事《じんじょうさはんじ》として吾等《われら》は驚《おどろ》かぬようになるであろう。それはあたかも、吾等《われら》が、野蛮人の驚くラジオ・セットを尋常茶飯事として少しも

野蛮人　文化が開けていない地域に住む人々

電子　負の電荷を持ち、原子核の周りを回って原子を構成する素粒子。陰電子

尋常茶飯事　お茶や御飯を摂るように日常の普通のこと。ありふれたこと。日常茶飯事

驚《おどろ》かないのと同じことである。

七月十八日

頭注版㊳二二三頁

写真《しゃしん》を映《うつ》すにも、絞《しぼ》りを調整《ちょうせい》することによって、その写真が上手《じょうず》に写《うつ》ったり下手《へた》に写ったりするのである。それと同じく現世《げんせ》をよくするには心の「絞り」を調整することが必要《ひつよう》である。

内部《ないぶ》が整《ととの》うて、外界《がいかい》が整うのである。

何《なに》か外界に悪《あ》しきことが起《おこ》ったら、先《ま》ず内部を調整すべきである。

現世 現在生きている世界。この世

七月十九日

頭注版㊳二二三頁

ひとの優劣《ゆうれつ》を自分《じぶん》の尺度《しゃくど》で推《お》し測《はか》ってはならない。自分が愚劣《ぐれつ》な心を持つから、ひとも又《また》愚劣であろうと思ってはならない。自分が動物的《どうぶつてき》な欲望《よくぼう》の支《し》配下《はいか》にあるから、ひとも亦《また》かくの如《ごと》くであろうと思ってはならない。自分の

愚劣 おろかで劣っていてくだらないさま

裡《うち》に悩《なや》みがあるから、世界中《せかいじゅう》の人《ひと》はすべて悩んでいるのだと思ってはならない。

本当《ほんとう》に他人《たにん》の偉大《いだい》さがわかる者《もの》は、自己《じこ》がそれだけ偉大であるのである。自分《じぶん》の魂《たましい》の高揚《こうよう》しただけのものを、吾々《われわれ》は他《た》に於《お》いて見るのである。釈尊《しゃくそん》のすぐれた人格《じんかく》を知る者は、自己の中《うち》に存在《そんざい》する釈尊《しゃくそん》がそれを知るのである。釈迦《しゃか》やキリストといえども、時《とき》には悩み、苦しんだであろうと考える者は、聖者《せいじゃ》を引きずり下《おろ》して自己と同等《どうとう》のレベルに置こうとする卑怯者《ひきょうもの》である。彼《かれ》は一種《しゅ》のエディポス・コンプレックスの虜囚《とりこ》なのである。自分よりすぐれた者の存在《そんざい》を知る事《こと》が、自己の驕慢心《きょうまんしん》にとってたえがたい屈辱感《くつじょくかん》となるのである。吾々《われわれ》は、かくの如《ごと》く、ひとを引き摺《ず》り下《おろ》す醜《みにく》き心を去り、自己があくまでも向上《こうじょう》して、美《うる》わしき人類《じんるい》の理想《りそう》を成就《じょうじゅ》することによって聖者と等《ひと》しきレベルに迄到達《までとうたつ》しなければならないのである。大海《たいかい》に溺《おぼ》れつつある者どもが、お互《たが》いに他《た》を引《ひ》き下《おろ》して、それによって、自己が浮《う》き上《あが》ろうとす

高揚　精神や士気などが高まること

聖者　修行を積んだ信仰者。聖人

エディポス・コンプレックス　フロイトが用いた精神分析学の用語。男の子が無意識に同性である父を憎んで母を思慕する傾向。ギリシャ神話の「エディポス王」にちなんで名付けられた

驕慢心　人を見下しておごり高ぶる心

るのは醜悪《しゅうあく》である。他《た》を賤《いや》しめ軽《かろ》んずることによって、ひそかに自己《じこ》を偉《い》大《だい》ならしめようと努力《どりょく》する位《くらい》みじめな動物的行為《どうぶつてきこうい》はないのである。他《た》を軽《かろ》んずる事《こと》は、自己を軽《かろ》んずることである。他《た》を醜《みにく》くする事によって、まっさきに自己が醜くなるのである。『従容録《しょうようろく》』には自分《じぶん》の口を血に染《そ》めて他人《たにん》に吹《ふ》きかけると書かれている。

常不軽菩薩《じょうふきょうぼさつ》は、すべての人々《ひとびと》を仏様《ほとけさま》だと言って拝《おが》んだのである。釈尊《しゃくそん》は山川草木国土有情非情《さんせんそうもくこくどうじょうひじょう》すべてことごとく仏《ほとけ》なりと観《かん》ぜられたのである。わたしだけが偉大《いだい》だとも、彼《かれ》だけが仏《ほとけ》で、他《た》は俗物《ぞくぶつ》どもだとも観《かん》じたのではなかったのである。吾々《われわれ》はすべての人々を自己と同等《どうとう》のレベルにまでコキ下《お》ろす劣《れつ》悪《あく》を知っている。しかし更《さら》にそれよりやや進歩《しんぽ》した劣悪として、特定《とくてい》の人々のみを尊敬《そんけい》するが、他《た》はことごとくうじ虫奴等《めら》であると思う愚《おろ》かさを知るのである。それはただ、自己のうちに、他《た》の偉大さをみとめる美点《びてん》のあることを誇示《こじ》し、それによって自己を偉大ならしめ、更《さら》に他《た》を軽《かろ》んずる快感《かいかん》をも同《どう》

醜悪　みにくくけがらわしいこと

『従容録』　中国の元代の禅書。『万松老人評唱天童覚和尚頌古従容庵録』の略。特に曹洞宗で重んじられる。臨済宗で重んじる『碧巌録』と共に禅門の宝典といわれる

常不軽菩薩　『法華経』第二十「常不軽菩薩品」に出てくる菩薩。釈迦の前世の姿であったとされる。常に他を敬って軽んぜず、迫害に遭ってもひたすら礼拝した。本全集第二十巻「万教帰一篇」第二章等参照

時《じ》にむさぼろうとする鵺的存在《ぬえてきそんざい》である。山川草木皆《さんせんそうもくみな》これ仏《ほとけ》であると拝《おが》む仏《ほとけ》様《さま》からは縁《えん》の遠い人々《ひとびと》である。

七月二十日

吾々《われわれ》は吾々《われわれ》を躓《つまず》かしてくれたものに怒《おこ》ることなく、却《かえ》ってこれに感謝《かんしゃ》すべきである。吾々《われわれ》は躓《つまず》く毎《ごと》に、自分《じぶん》の内部の故障に眼《め》を向けて反省《はんせい》しさえすれば、躓《つまず》きは却《かえ》って内部《ないぶ》を浄《きよ》める指示器《しじき》となり、一層吾々《いっそうわれわれ》を高め上げてくれる動機《どうき》となるのである。

三界唯心《さんがいゆいしん》の理《り》は、反省が内面《ないめん》に向《むか》うとき向上《こうじょう》の契機《けいき》を与える。

七月二十一日

失敗《しっぱい》が起《おこ》るごとに反省せしめられることは、私はまだどこかの点《てん》に於《おい》て「愛」が足りなかったということである。

鵺　不吉で不気味な怪鳥。また、『平家物語』にある「源三位頼政のぬえ退治」の伝説より、正体不明で曖昧な人物や、奇異な感じをいだかせる物事

頭注版㊳二五頁

指示器　温度、圧力、速度などの計数表示をする機器。表示計器

契機　きっかけ。動機

頭注版㊳二五頁

偏《かたよ》った「愛」は世間《せけん》にはザラにあるけれども、行届《ゆきとど》いた「愛」は滅多《めった》にないものである。

頭注版㊳二六頁

七月二十二日

「神は全《すべ》ての全《すべ》て……」

眼《め》を瞑《つむ》ってかく念《ねん》ぜよ。繰返《くりかえ》し念《ねん》じつつ自分《じぶん》の周囲《しゅうい》に、そして宇宙一杯《うちゅういっぱい》に、そして自分のうちに、あらゆる一切《いっさい》のもののうちに、神満《み》ちていますという思いをもって心を満たせよ。

他《ほか》に何物《なにもの》をも思念《しねん》の中《うち》に求めるには及《およ》ばない。

神はすべてであり、一切であるからである。

まず神を把握《はあく》せよ。その人《ひと》は一切を把握するであろう。

頭注版㊳二六頁

七月二十三日

「神は全《すべ》ての全《すべ》て……神は全《また》き生命《いのち》」と瞑目《めいもく》して繰返《くりかえ》し繰返《くりかえ》し念《ねん》ぜよ。かく念《ねん》じつつ、神の生命《いのち》が、宇宙全体《うちゅうぜんたい》に、すべてのものの内《うち》に、一切《いっさい》のものの内《うち》に、そして「自分《じぶん》の内《うち》にも充《み》ち満《み》ち、その『全《また》き神のいのち』にすっかり包《つつ》み込《こ》まれ、それに生かされている」との深い実感《じっかん》のうちに、三十分間《ぷんかん》を浸《ひた》り切《き》ることは極《きわ》めて尊《とうと》き神想観《しんそうかん》である。

病《やまい》ある者《もの》は速《すみや》かに癒《い》やされるであろう。観中《かんちゅう》、「病《やまい》を癒《いや》す」などの念《ねん》を起《おこ》す必要《ひつよう》はない。神の生命《いのち》の中《なか》に没入《ぼつにゅう》している限《かぎ》りに於《おい》て、そこには病《やまい》は無《な》いのであるから。

頭注版㊳二一七頁

七月二十四日

瞑目精神《めいもくせいしん》を統一《とういつ》して、「神は全《すべ》ての全《すべ》て……神は全《また》き叡智《みちえ》」と繰返《くりかえ》し繰返《くりかえ》し念《ねん》ぜよ。そして宇宙全体に、すべてのもののうち、更《さら》に自分自身《じぶんじしん》のうちにも、神の智慧充満《ちえじゅうまん》せりと観《かん》じ、神の智慧《ちえ》の中《なか》に溶《と》け込《こ》んでしまうのである。

神は全《すべ》てであり、全《すべ》てに行亙《ゆきわた》って存在《そんざい》する智慧《ちえ》であるならば、その智慧《ちえ》の中《なか》に没入《ぼつにゅう》するとき、吾等《われら》は知らないものは一《ひと》つもないのである。

現在意識《げんざいいしき》が何《なに》を知らなくとも吾等《われら》は恐《おそ》れることは要《い》らないのである。現在意識は「脳髄《のうずい》」という個別的反射鏡《こべつてきはんしゃきょう》の上《うえ》に投光《とうこう》された普遍意識《ふへんいしき》(すべてに満《み》ちて行《ゆ》き亙《わた》れる智慧《ちえ》)の一部《いちぶ》が反射《はんしゃ》し出されたる反射光《はんしゃこう》に過《す》ぎない。反射光が何《なに》を知っていようとも、又《また》、何《なに》を知らずにいようとも、自分《じぶん》の中《うち》に宿《やど》り給《たま》う普遍意識はすべてを知っているのであるから、吾等《われら》はこの普遍意識の中《なか》に没入《ぼつにゅう》し、普遍《ふへん》の智慧《ちえ》と一つになるとき、知《し》らず識《し》らず万事《ばんじ》が都合《つごう》よく行《ゆ》くのである。

「何《なん》でも都合よく行《ゆ》く」という人《ひと》は普遍の智慧《ちえ》を知《し》らず識《し》らず我がものとしている人である。

普遍意識は自分のうちにも宿ると同時《どうじ》に、他《ひと》の中《うち》にも宿るが故《ゆえ》に、自分自《じぶんじ》

投光　光を集めて照らすこと

身《しん》のみならず、他《ひと》をも知《し》らず識《し》らずに動かしつつ、万事都合《ばんじつごう》の好《よ》い配合《はいごう》にまで一切《いっさい》を動かして行《ゆ》くのである。

七月二十五日

今日《きょう》は更《さら》に、「神はすべての全《すべ》て……神は完《また》き聖愛《みあい》……」と念《ねん》じよう。そして全《すべ》てのものの内《うち》に、宇宙全体《うちゅうぜんたい》の内に神の聖愛《みあい》の充《み》ち満《み》ちていること、そして自分《じぶん》のうちにも神の聖愛《みあい》が充《み》ち満《み》ちていることを深き精神統一《せいしんとういつ》のうちに念《ねん》じよう。そして「神の愛に護《まも》られ、生かされ、育てられている」ことを念《ねん》じよう。

すべての不安《ふあん》と恐怖《きょうふ》とは、この神の聖愛《みあい》を観《かん》ずる神想観《しんそうかん》によって消滅《しょうめつ》してしまうのである。

すべての自己《じこ》の不安、焦躁《しょうそう》がこの神想観《しんそうかん》によって完全《かんぜん》に消滅したとき、その反映《はんえい》として自分の家族《かぞく》の精神状態《せいしんじょうたい》が非常《ひじょう》に円満《えんまん》になるものである。そ

頭注版㊳二八頁

焦躁　あせって落ち着かないこと。焦燥

して一切《いっさい》が神の聖愛《みあい》で包まれていることを心の底《そこ》深く知るが故《ゆえ》に、感覚的《かんかくてき》な麻酔的陶酔《ますいてきとうすい》の必要《ひつよう》が消える。飲酒癖《いんしゅへき》、喫煙癖《きつえんへき》などはかかる心境《しんきょう》に達《たっ》したとき、本当《ほんとう》に自然《しぜん》に、抑制《よくせい》する必要なく剝落《はくらく》する……

七月二十六日

神は光《ひかり》である。
わが室《へや》の窓《まど》の外《そと》に、
神の光は待っているのである。
倦《う》まず撓《たゆ》まず。

私はいつまで神がそこにいることに気が着《つ》かなかったろう。
神は私がその窓を開《ひら》くのを待っているのだ。
神はいないのではない。

陶酔　心を奪われてうっとりすること

剝落　はがれ落ちること

頭注版㊳二九頁

倦まず撓まず　飽きていやになることなく、途絶えることもなく

私が心の窓《まど》を開《ひら》かなかったのだ。
――光《ひかり》は私の内《うち》にある

誰《たれ》かが戸を叩《たた》いている。
神が私の家《いえ》の門口《かどぐち》に来て戸を叩《たた》いているのだ。
私は神を求めなかったのに、
神は私を求めてい給《たま》うたのだ。
私は何《なん》という親不孝者《おやふこうもの》だったのだろう。
私が神の膝《ひざ》に跳《と》び付《つ》きさえすれば
全《すべ》ては既《すで》に与えられているのだ。

神のないところに生命《せいめい》はない、
神のないところに美《び》はない、

門口　家の出入り口

神のないところに智慧《ちえ》はない、
神のないところに愛はない、
生命《せいめい》があり、
美《び》があり、
智慧《ちえ》があり、
愛があるということは、
そこに神が在《いま》すということだ。
すべてのものに、
自分の外《そと》に、
自分の内《うち》に。
かくて私は凡《あら》ゆるところに神を見出《みいだ》すのだ。

七月二十七日

在す　いらっしゃる

頭注版㊳三一頁

もし両親《りょうしん》が自分《じぶん》の子供達《こどもたち》に対《たい》して性《せい》の問題《もんだい》を論《ろん》ずるのにフランクなうちあけた態度《たいど》であることができるならば人類《じんるい》の多くの不幸《ふこう》は除《のぞ》かれたであろうと考えられるのである。子供《こども》の無邪気《むじゃき》さは「性」に関《かん》するあやまれるそして粗雑《そざつ》なる考えに対してそれを防《ふせ》ぐところの楯《たて》をなしているのである。その純潔《じゅんけつ》なる心が、古い人類がもつところの「性」についての不純《ふじゅん》なる観念《かんねん》、性的関係《せいてきかんけい》に関する罪《つみ》についての哲学《てつがく》や神学《しんがく》の脅迫力《きょうはくりょく》から自分たちを守るところの働《はたら》きをしているのである。もし父と母とが生殖《せいしょく》の法則《ほうそく》と人間出生《にんげんしゅっせい》の法則とを汚《けが》れなき健全《けんぜん》な方法《ほうほう》において子供に説明《せつめい》してやらないで、まるでサンタクロースのおとぎ話《ばなし》の中《なか》からでも子供が生まれて来るかのように教《おし》えるならば、彼《かれ》らは性的《せいてき》に堕落《だらく》した青年男女《せいねんだんじょ》から、最《もっと》も神聖《しんせい》なる人生《じんせい》の行事《ぎょうじ》を間《ま》違《ちが》った観念《かんねん》によって植えつけられるおそれがあるのである。ある宗教家《しゅうきょうか》は男女の性的結合《せいてきけつごう》を人間の原罪的《げんざいてき》な性質《せいしつ》として恥《は》ずべきことのように教えるのであるけれども、キリスト教《きょう》と呼《よ》ばれる宗教《しゅうきょう》が二千年《ねん》もつづいて来た後《のち》

フランク frank 気取ったところがなく率直なさま。ざっくばらん

粗雑 大ざっぱでいいかげんなこと

楯 敵の矢や刀などから身を守る武器

純潔 けがれがなく清らかなこと

原罪 original sin 『創世記』第三章に記された、アダムとイヴが神にそむいて禁断の木の実を食べたという人類最初の罪。アダムの子孫である人類はこの罪を負うとされる

に、尚人間《なおにんげん》の性質《せいしつ》がすべてまちがっているというならば、その長い間常《あいだつね》に人間の心の中《なか》に善《よ》き教《おし》えをふきこんで来たと称《しょう》する宗教《しゅうきょう》の教師達《きょうしたち》は今《いま》すぐに辞職《じしょく》しなければならないであろう。なぜならその長い時間《じかん》の間教会《あいだきょうかい》はアダムの原罪《げんざい》から人間を救《すく》うための努力《どりょく》をして来たのであるからである。私は人間性《にんげんせい》は本来《ほんらい》正しきものであることを信じ、人間の自然《しぜん》の原理《げんり》に叶《かな》うところの教えが本当《ほんとう》の宗教であり道徳《どうとく》であるのであって、外側《そとがわ》ばかり純潔《じゅんけつ》な顔《かお》をして不潔《ふけつ》な妄想《もうぞう》を内部《ないぶ》にはらんでいる人工的宗教《じんこうてきしゅうきょう》は、本当の宗教ではないと信ずるのである。（ハーヴィ・S・ハードマン博士《はくし》の語録《ごろく》より）

七月二十八日

神のない快楽《かいらく》は、根《ね》を切った切花《きりばな》の美《び》のようなものである。やがてそれは打萎《うちしお》れ、どす黒《ぐろ》い苦《にが》い苦しみに変《かわ》って行《ゆ》くものである。

ハードマン博士 Harvey S. Hardman　本書四二頁のメンタル・サイエンスの指導者。昭和二十四年に来日して著者と共に講演した。米国での講演記録の邦訳に昭和二十八年、日本教文社刊、谷口雅春監修、松田午三郎・関口野薔薇共訳『幸福への門』がある

頭注版㊳三二頁

七月二十九日

生長《せいちょう》の家《いえ》では、心と言葉と行《おこない》とこの三《みっ》つが一致《いっち》しなければならないのである。

「イエス言《い》い給《たま》う『なんじらも今《いま》なお悟《さと》りなきか。すべて口に入《い》るものは腹《はら》にゆき、遂《つい》に厠《かわや》に棄《す》てらるる事《こと》を悟らぬか。然《さ》れど口より出《い》ずるものは心より出《い》ず、これ人《ひと》を汚《けが》すなり』」と「マタイ伝《でん》」第《だい》十五章《しょう》一六～一九節《せつ》にある。また或《あ》る処《ところ》では「主《しゅ》よ主《しゅ》よというもの必《かなら》ずしも天国《てんごく》に入《い》るに非《あら》ず、天の父の御意《みこころ》を行《おこな》う者《もの》のみ天国に入《い》るなり」ともイエスはいっている。口先《くちさき》ばかりでも救《すく》われないし、行《おこな》いばかりでも救われない。心が伴《ともな》った言葉、心が伴った行いでないと救われないのである。

頭注版㊳三三頁

厠　便所

「マタイ伝」『新約聖書』における四福音書の巻頭の書。イエスの系図・誕生・復活に至る生涯と、その教え、受難を記している

「主よ主よと…」『新約聖書』「マタイ伝」第七章にあるイエスの言葉

七月三十日

はじめに精神科学《せいしんかがく》や光明思想《こうみょうしそう》に救《すく》われながら、やがてそれに自分《じぶん》が救われなくなり落伍《らくご》する人々《ひとびと》が多いのは何故《なぜ》であろうか。ウィリアム・ジェイムズはその著《ちょ》『宗教的体験の種々相《しゅうきょうてきたいけんのしゅじゅそう》』の中《なか》に「最善《さいぜん》の悔《く》い改《あらた》めは神の道《みち》を一《いっ》心不乱《しんふらん》に前進《ぜんしん》して、今《いま》までありし罪《つみ》と自分との関係《かんけい》について一切《いっさい》を忘れてしまうことである」といっているが、此等《これら》の光明思想の落伍者《らくごしゃ》は、神の道に一心不乱に突進《つきすす》むことを忘れているのである。「彼等《かれら》は光明思想に触《ふ》れる。それによって引上《ひきあ》げられ、それの与える恵福《けいふく》を満喫《まんきつ》する。そしてただそれを受けるだけで、周囲《しゅうい》の人々にその恵福を頒《わか》ち与《あた》えることを忘れ、そしてそれゆえにそれを失ってしまう」とボールトン・ホール氏《し》はいっている。真実確保《しんじつかくほ》し得《う》るものはただ他《た》に与えた部分《ぶぶん》だけであるのである。或《あ》る人《ひと》が真理《しんり》に対《たい》する理解《りかい》を得《え》たとする。そしてそれが自分の苦痛《くつう》や、病気《びょうき》や、不幸《ふこう》を解除《かいじょ》する

頭注版㊳三三二頁

光明思想　ここでは主に米国のニュー・ソートを指す。著者によって光明思想と翻訳された

落伍　集団などから脱落すること

ウィリアム・ジェイムズ William James 一八四二〜一九一〇年。米国の哲学者、心理学者。プラグマティズムの創始者の一人。西田幾多郎、夏目漱石などにも影響を与えた

『宗教的体験の種々相』　一九〇二年刊。英国スコットランドに於ける学術講義「ギフォード講義」の講師として招かれて出講した全二十講の講義録。邦訳は日本教文社刊『ウイリアム・ジェイムズ著作集3・4』等多数がある

恵福　恵まれた幸福

ことが出来《でき》たとしてもそれは大《たい》したことではないのである。自己《じこ》の苦痛《くつう》や悩《なや》みを救《すく》うだけに真理《しんり》が使われるならば、それは唯《ただ》、利己的目的《りこてきもくてき》だけに過《す》ぎない。利己的目的そのことが真理に反《そむ》いているのであるから、やがてその真理は自殺状態《じさつじょうたい》に陥《おちい》って自分自身《じぶんじしん》をも救《すく》い得《え》なくなるのである。真理は「私《わたくし》」してはならないのである。真理を知らされたということは、それを他《た》の人々《ひとびと》に伝えるために知らされたのだということを知らねばならない。人類《じんるい》の先《ま》ず目覚《めざ》めなければならないことは、個々人《ここじん》として孤立《こりつ》した存在《そんざい》ではないということである。吾々《われわれ》は自他一体《じたいったい》の存在であるから、この世《よ》の中《なか》に一人《ひとり》でも不幸《ふこう》な人《ひと》が存在する限《かぎ》り、真《しん》に自分《じぶん》は幸福《こうふく》になることは出来ないのである。一本《ぽん》の歯が痛《いた》むだけでも全体《ぜんたい》の肉体《にくたい》は痛むのである。宇宙全体《うちゅうぜんたい》が一体《いったい》に自分の生命《せいめい》と連関《れんかん》をもっていると知るとき、その一本の歯にも比《ひ》すべき一人《ひとり》の人間《にんげん》が苦しんでいるとき、自分の生命《せいめい》もまた苦しむのである。「真理とは何《なん》ぞや」(「ヨハネ伝《でん》」第十八章《しょう》三八)とピラトはイエスにきいた。イエスは黙然《もくねん》で

連関　関わり合ってつながること

ピラト　イエスの活動した時代のイスラエルを支配していたローマ帝国の総督。イエスを磔刑に処した。本全集第五十巻「宗教戯曲篇」中巻等参照

黙然　何も言わずに黙っているさま

ある。それは言葉巧《たく》みな講釈《こうしゃく》ではないのである。自分《じぶん》を捕《とら》えに来た獄吏《ごくり》の耳の傷《きず》を癒《いや》し、弟子《でし》の足を洗い、自分を磔《はりつ》けにした人々《ひとびと》の幸福《こうふく》のために神にいのり、そして従容《しょうよう》として十字架《じゅうじか》につくことである。かく真理《しんり》は愛の実践《じっせん》を要求《ようきゅう》するのである。愛を実践する者《もの》のみ「王《おう》」であり、永遠《えいえん》に復活《ふっかつ》するのである。

講釈　道理や教義を説くこと。また、その道義や教義
獄吏　監獄の役人。耳への加害は『新約聖書』「マタイ伝」第二十六章、「マルコ伝」第十四章、「ヨハネ伝」第十八章にある。「ルカ伝」第二十二章五一節にはイエスがその耳に触れて癒やしたと記される
従容　動揺することなく、落ち着いているさま
頭注版㊳三四頁

七月三十一日

人《ひと》が拝《おが》み合《あ》う話ほど私を喜《よろこ》ばす話はない。人が愛し合う話ほど私を喜ばす話はない。人が罵《ののし》り合《あ》う話ほど私を悲しませる話はない。人が憎《にく》み合《あ》う話ほど私を悲しませる話はない。

他《ひと》が偉《えら》いということに憎みを感《かん》ずる者は愚《おろか》なる者である。他《ひと》が自分より優《すぐ》れていることを聞いて素直《すなお》に喜べる人だけが偉大《いだい》なる人物《じんぶつ》である。

八月

八方礼拝
<ruby>はっぽうらいはい</ruby>

八月一日

吾々《われわれ》がもし自分《じぶん》の周囲《しゅうい》に幸福《こうふく》な世界《せかい》を持ちたいと思うならば、先《ま》ず自分自身《じぶんじしん》の心のうちに「幸福な世界」を持たなければならぬ。環境《かんきょう》は心の影《かげ》、外界《がいかい》は内界《ないかい》の反映《はんえい》であるからである。

では、自分の心のうちに「幸福な世界」を持つにはどうしたら好《よ》いであろうか。また「幸福」とは如何《いか》なる状態《じょうたい》であるであろうか。答えて曰《いわ》く、調《ちょう》和《わ》が幸福な状態である、億万《おくまん》の富《とみ》があるも調和がなければ幸福だとはいえない、だから吾《われ》らがもし自分の周囲に幸福な世界を持とうと思うならば調和した心を持たなければならないのである。

ここに「汝《なんじ》ら天地一切《てんちいっさい》のものと和解《わかい》せよ」との教《おし》えが絶対権威《ぜったいけんい》のあるものとして生きてくるのである。

先《ま》ずあなたが不幸《ふこう》であるならば、手近《てぢか》のものと和解しているか省《かえり》みよ。和

頭注版㊳三八頁

解するとは、「感謝《かんしゃ》することである」と『生命《せいめい》の實相《じっそう》』の巻頭《かんとう》には書いてある。「感謝する」とは口先《くちさき》だけで「有難《ありがと》う」と空念仏《そらねんぶつ》のような称《とな》え語《ごと》することではない。心に深く感謝の意《い》を起《おこ》し、その感謝の意を実行《じっこう》にまで駆《か》り立《た》てるほどの熱意《ねつい》ある感謝でなければ本当《ほんとう》に感謝しているとはいえないのである。

実行とは、心の思いの果実《かじつ》である。心で感謝していますと口には云《い》っても、実行しない感謝というものは、実《み》のない感謝である。徒花《あだばな》のような感謝は果《み》を結ばぬ。「あなたは良人《おっと》に感謝していますか。」「ハイ、感謝いたしております。」こう答えながら、時々《ときどき》「ああもして欲《ほ》しい、こうもして欲しい、まだこうしてくれねば満足出来《まんぞくでき》ぬ」というような奥様《おくさま》がどこかにないであろうか。

ここの微妙《びみょう》なところで、その人《ひと》の家庭《かてい》の幸不幸《こうふこう》と、健不健《けんふけん》との岐《わか》れ目《め》があるのである。

『生命《せいめい》の實相《じっそう》』は、言葉で読み、心で読み、行《おこな》いで読まなければ本当の悟《さと》り

『生命の實相』の巻頭　初版黒革表紙版『生命の實相』および各種各版の全集版第一巻の巻頭にある「七つの燈台の点灯者の神示」。「大調和の神示」

空念仏　信心がなく口先だけでとなえる念仏

徒花　咲いても実を結ぶことのない花

は得《え》られぬ。そして現象界《げんしょうかい》は、心の世界《せかい》の反映《かげ》であるから、本当《ほんとう》の悟《さと》りが心の世界に得《え》られねば、「お反映《かげ》」は得《え》られぬのである。

しかし世間《せけん》には「言葉」で読むことさえも面倒《めんどう》くさいから、遠隔治療《えんかくちりょう》をして下《くだ》さいというような不誠実《ふせいじつ》な人《ひと》たちもあるのである。こういう人に限《かぎ》って、治《なお》ったらもう用《よう》が無《な》いといって去り、治《なお》らなかったら「生長《せいちょう》の家《いえ》」は効《き》かぬと悪評《あくひょう》するのである。

お反映《かげ》は遠隔治療にあるのではなく、真理《しんり》にあるのである。真理を読むことを拒《こば》んで、その人たちは何《なに》を得《え》ようとするのであろう。誠実《せいじつ》に実行《じっこう》するところに真理の治《なお》す力《ちから》は作用《はたら》くのである。

遠隔治療　遠く離れた所から念を送って、病人の心に作用させて病気を治すこと

八月二日

神の愛を疑《うたが》うものは神の創造《そうぞう》を疑うものである。神の創造を疑うものは天《てん》地一切《ちいっさい》のものを疑うものである。

頭注版㊳四〇頁

疑《うたが》うとは信ぜぬことである。信ぜぬとは否定《ひてい》することである。否定することは、その存在《そんざい》の根本《こんぽん》について争《あらそ》うことである。争うことは調和《ちょうわ》せぬことである。調和せぬとは和解《わかい》せぬことである。

神を否定し、神と争い、神と調和せず、天地一切《てんちいっさい》のものと和解せぬ者《もの》が幸《こう》福《ふく》であり得《え》ないのは当然《とうぜん》のことである。

八月三日

プラトンの対話篇《たいわへん》を「水車《すいしゃ》を踏《ふ》む」のに喩《たと》えた人《ひと》がある。私の『生長《せいちょう》の家《いえ》』も『生命《せいめい》の實相《じっそう》』もまた踏まれ行《ゆ》く「水車」の如《ごと》きものである。水車は同じ形《かたち》をなしつつ、同じ中心《ちゅうしん》を軸《じく》として繰返《くりかえ》し回転《かいてん》する。万巻《まんがん》の『大蔵《だいぞう》経《きょう》』も同じ真理《しんり》を中心軸《ちゅうしんじく》として繰返《くりかえ》し回転した。私の『生命《せいめい》の實相《じっそう》』も同じ姿《すがた》を示しつつ、いつも同じ真理の文章《ぶんしょう》を読まされつつ、その度毎《たびごと》に読者《どくしゃ》は一層豊富《いっそうほうふ》な生命《いのち》の水を汲《く》みとるのである。

頭注版㊳四〇頁

プラトンの対話篇 プラトンは古代ギリシャの哲学者。紀元前四二七〜前三四七年。「対話篇」はソクラテスを主人公として対話の形式で書かれた著作三十余編。「ソクラテスの弁明」「饗宴」「国家」「テアイテトス」など

水車を踏む 水車は農業用の水を田に送り込む装置。水路に設置して人が足で踏んで回転させる

『大蔵経』 釈迦が説いたとされる大乗仏教の経典の総称。「一切経」とも呼ばれる

水車《すいしゃ》は同じ形《かたち》をし、同じ中心《ちゅうしん》を軸《じく》として回転《かいてん》するものであるから、もう二度《ど》と繰返《くりかえ》し踏《ふ》む必要《ひつよう》がないといっておれば、生命《いのち》の水を汲《く》み上《あ》げることは出来《でき》ないのである。

八月四日

愛はただの感情《かんじょう》ではない、況《いわ》んやただの恋情《れんじょう》ではない。「愛」は実相《じっそう》なのである。事物《じぶつ》の本質《ほんしつ》なのである。歓喜《かんき》なのである。調和《ちょうわ》なのである。光《ひかり》なのである。生命《せいめい》なのである。

愛は激情《げきじょう》ではない。激情は調和ではない。激情はものを毀《こわ》す。不調和《ふちょうわ》はものを毀《こわ》す。不調和に生命《せいめい》はない。激情のことを「愛」と呼《よ》び倣《なら》わして来たがために、どれだけ多くの若い——否《いな》、相当年《そうとうとし》をとった——人《ひと》たちがその激情に身《み》を滅《ほろ》ぼして来たことだろう。

滅ぼすものの中《うち》に愛はない。生かすもの、生《う》み出《だ》すもののうちにのみ愛が

頭注版㊳四一頁

激情 理性で抑えられないほど激しくわき起こる感情

あるのである。

愛は心の調和《ちょうわ》である。

八月五日

躓《つまず》きは不幸《ふこう》な出来事《できごと》であるが、吾等《われら》はまた躓《つまず》きにも感謝《かんしゃ》しなければならぬ。躓《つまず》きは吾等《われら》が人生《じんせい》の道《みち》を歩むのに、充分《じゅうぶん》高く足を挙《あ》げていなかったことを教《おし》えてくれるものであるからである。吾《われ》らは躓《つまず》きによって、躓《つまず》かないときよりも一層《いっそう》多くの事《こと》を学ぶことが出来《でき》るのである。

躓《つまず》きはまた私の心の眼《め》を開《ひら》いてくれるものである。もし、今少《いますこ》し手前《てまえ》で躓《つまず》かなかったら、自分《じぶん》の今歩いている道が、谿底《たにそこ》へ落下《らっか》する道であることに気が着かなかったかも知れないのである。

理窟《りくつ》でいうのでも、失敗《しっぱい》を諦《あきら》めるためにいうのでもない。躓《つまず》きは当然《とうぜん》感謝さるべきものである。

頭注版㊳四一頁

躓《つまず》かなくなり得《え》た者《もの》は、その幸福《こうふく》を一層感謝《いっそうかんしゃ》すべきであるが、躓《つまず》きもまた感謝する価値《かち》がある。

そうすれば吾《われ》らは人生《じんせい》のどこにも感謝すべきものが充《み》ちていることを発見《はっけん》し得《う》るのである。

八月六日

頭注版㊳四二頁

「静《せい》」の中《うち》にあずける時《とき》、そこに「聖《せい》」なる癒《い》やしの力《ちから》があらわれる。「静《せい》」は「生《せい》」であり、「清《せい》」であり、「聖《せい》」であり、生かしであり、清《きよ》めである。

絶対安静療法《ぜったいあんせいりょうほう》などのことをいっているのではない。心がただ委《まか》せ切《き》りになって、全托《ぜんたく》の心境《しんきょう》に万事《ばんじ》を委《ゆだ》ねるのである。

絶対安静療法などといって身体《からだ》を安静《あんせい》にしていても、心が「静《せい》」になり切らない者は、「静《せい》」の生かす力を受けることは出来《でき》ないのである。

絶対安静療法　病気や怪我の重い人を、寝たままの姿勢で動かさず、外部からの刺激を避けて平静な状態を保たせる治療法

全托　大いなるものに信頼してすべてをゆだねること

我《が》の力《ちから》による力《りき》みを捨《す》てること。

静かに静かに、自分《じぶん》が委《まか》せ切《き》りになっているかどうか。無理《むり》はないか。焦《あせ》りはないか。

ひたすら歓《よろこ》びのみある心持《こころもち》に落着《おちつ》けるとき、活動《かつどう》していても、活動していなくとも、「静《せい》」の力を受けることが出来《でき》るのである。

頭注版㊳四三頁

八月七日

健康《けんこう》を破壊《はかい》してどうしても快復《かいふく》し難《がた》いのは、その人《ひと》が「自分は健康を損《そこな》った」という観念《かんねん》にしがみ着《つ》いているからである。色々《いろいろ》の療法《りょうほう》や、思念《しねん》や、聖典読誦《せいてんとくじゅ》が効《こう》を奏《そう》さないのは、一方《いっぽう》に「自分は病気《びょうき》だから、こうして治《なお》そう」というように、「自分は病気だから」の観念に固《かた》くしがみ着いて、それと角力《すもう》をとっているからである。

「病気は無《な》い」が真理《しんり》であり実相《じっそう》であるから、その健康なる実相を招《よ》び出《だ》そうとしながら、「自分《じぶん》は病気《びょうき》だから」という考えの上にいつまでも足踏《あしぶ》みしているようなことでは「病気は無《な》い」の観念《かんねん》を招び出《よ》《だ》すことは出来《でき》ないのである。

「自分は病気だから」の観念を抛擲《ほうてき》して、端的《たんてき》に、「自分は健康《けんこう》だ」の観念に置《お》き換《か》えたらその病気は癒《い》えるのである。

ではその方法如何《ほうほういかん》？

それは、既《すで》に自分は健康である、完全《かんぜん》に創造《そうぞう》せられているとの前提《ぜんてい》の下《もと》に神に感謝《かんしゃ》するのである。合掌神想観《がっしょうしんそうかん》をなして、次の如《ごと》く神に感謝すべきである。

「神は全《すべ》ての全《すべ》てであり、完《まった》き生命《いのち》であり、完《まった》き叡智《みちえ》であり、完《まった》き聖愛《みあい》である。すべてのもののうちに神の生命《いのち》は生き、神の叡智《みちえ》は充《み》ち、神の聖愛《みあい》は満《み》ちている。その例《れい》に漏《も》れず自分のうちにも神の完《まった》き生命《いのち》、完《まった》き叡智《みちえ》、完《まった》き聖《み》愛《あい》は充《み》ち、それによって自分は完全に健康に生かされているのである。自

抛擲 なげすてること
端的 はっきりしたさま

分は今全《いままった》く完全《かんぜん》に健康《けんこう》に生かされているのでございます。有難《ありがと》うございます。有難《ありがと》うございます。自分《じぶん》は今全《まった》く完全に健康に生かされているのでございます。有難《ありがと》うございます。有難《ありがと》うございます。……」

こう、現《げん》に今健康であるところの思いに浸《ひた》り切《き》って、如実《にょじつ》にそれを実感《じっかん》して本当《ほんとう》に感謝《かんしゃ》の言葉を述《の》べることは、「自分は今病気《びょうき》だから、治《なお》すために……」などという考えを一転《いってん》せしめる力《ちから》がある。最後《さいご》の「今全《まった》く完全に健康に生かされている、有難《ありがと》うございます」の言葉を出来《でき》るだけ実感《じっかん》せまる調《ちょう》子《し》で、心の中《うち》に幾回《いくかい》でも、その実感が徹底《てってい》するまで繰返《くりかえ》すが好《よ》いのである。

如実　仮想や理論上のことでなく、真実に

八月八日

頭注版㊳四五頁

知的《ちてき》に知ることと、信仰的《しんこうてき》に信ずる事《こと》と、それを思念《しねん》することとは、いずれも別《べつ》のことである。知的に知っても信仰的に信じていない人《ひと》もあるし、信仰的に信じていてもそれを知的に知らない人もある。知的に知り、同時《どうじ》に信

仰的に信じながら、尚且《なおか》つその人《ひと》から不幸《ふこう》が消えないならば、それは思念《しねん》が足りないのである。

思念は一種《いっしゅ》の実行《じっこう》であり、力《ちから》であるのは、油田《ゆでん》を掘鑿《くっさく》するようなものである。学的《がくてき》にここに豊富《ほうふ》な油田があることを測定《そくてい》し得《え》、そして石油《せきゆ》の存在《そんざい》を信《しん》念的《ねんてき》に信じていてさえも掘鑿《くっさく》しなければ石油が噴出《ふんしゅつ》しないのと同じように、『生命《せいめい》の實相《じっそう》』によって自分《じぶん》の「生命《せいめい》の実相《じっそう》」が、神そのままの分《わ》けいのちにて完全《かんぜん》なることを知り、信仰的《しんこうてき》にそれを信ずるとも、神想観《しんそうかん》を修《しゅう》しなければ、その実相の完全さが実現《じつげん》しないことがある。

道元禅師《どうげんぜんじ》はこれを「証《しょう》上《じょう》の修《しゅう》」と説《と》いた。悟《さと》った上《うえ》での修行《しゅぎょう》であって、修行して悟ろうとするのではない。悟ったればこそ修行せずにはいられないのである。

真宗《しんしゅう》でも、どうしないでも救《すく》って下《くだ》さっている阿弥陀仏《あみだぶつ》の慈悲《じひ》を感《かん》ずるが故《ゆえ》に、南無阿弥陀仏《なむあみだぶつ》と称《とな》えずにはいられないのである。やはり証《しょう》上《じょう》の修《しゅう》

掘鑿　土や岩を掘って穴をあけること

「証上の修」『正法眼蔵』「弁道話」にある言葉

南無阿弥陀仏　阿弥陀仏に帰依する意を表す言葉。浄土宗、浄土真宗などで称える言葉

である。

八月九日

もし、自分《じぶん》が利益《りやく》を獲得《かくとく》することが利己的目的《りこてきもくてき》でないならば、もし自分が利益《りやく》を獲得することが一切衆生《いっさいしゅじょう》を利益《りやく》する目的《もくてき》に適《かな》うならば、もし自分が利益《りやく》を獲得することが他《た》の人々《ひとびと》に光《ひかり》を与える手段《しゅだん》を供《きょう》し得《う》るならば、その利益《りやく》の獲得を神に求めても差支《さしつかえ》ないのである。神は必《かなら》ずその利益《りやく》を与え給《たま》うに相違《そうい》ないのである。金銭《きんせん》、財貨《ざいか》そのものは浄《じょう》でもなければ不浄《ふじょう》でもない。それを一切衆生《いっさいしゅじょう》を救《すく》うために集めるならば多々益々《たたますます》集めることも善《ぜん》である。

神の無限供給《むげんきょうきゅう》を得《う》るには先《ま》ず神の無限性《むげんせい》を信じなければならぬ。吾々《われわれ》に宿《やど》る神が、常《つね》に吾々《われわれ》を導《みちび》き給《たま》うと信じなければならぬ。吾々《われわれ》が神に如何程《いかほど》求めても、求め過《す》ぎるということはないのである。神は太平洋《たいへいよう》を自己《じこ》の箱庭《はこにわ》の池として造《つく》り、富士山《ふじさん》をその築山《つきやま》とし、ナイヤガラ瀑布《ばくふ》を盆景《ぼんけい》の瀧《たき》としたま

頭注版㊳四六頁

多々益々　多ければ多いほど
箱庭　浅い箱に土や砂を入れて小さな木や草を植えるなどして庭園や山水を模したもの
築山　庭園などで石や土砂を山に見立てて盛り上げて造った小さな山
ナイヤガラ瀑布　カナダのオンタリオ州とアメリカ合衆国のニューヨーク州にまたがる大きな滝
盆景　盆栽に石などを置いて山水の景を写したもの。盆石

うほど豊富《ほうふ》なる神である。神は決《けっ》してケチな神ではないのである。神は決して、空気《くうき》を人間《にんげん》が吸《す》ったら、ちょうど一パイで少しも余《あま》りがないように、ギリギリ一パイに製造《せいぞう》し給《たま》うた如《ごと》きケチな存在《そんざい》ではないのである。空気のみならず、日光《にっこう》でも、地下水《ちかすい》でも、植物《しょくぶつ》でも、海水《かいすい》でも、使っても使っても無《む》限《げん》に余《あま》るほどに製造し給《たま》うているのである。

だから神に求め過《す》ぎるという事《こと》は決してないのである。むしろ、吾々《われわれ》は神に求めることがあまりにも少な過ぎるということをこそ却《かえ》って恥《は》ずるが好《よ》いのである。吾々《われわれ》は、何《なに》よりも、吾《わ》が業《わざ》は吾《わ》が為《な》すに非《あら》ず、吾《わ》れに宿《やど》り給《たま》う神が為《な》し給《たま》うのだと信じなければならぬ。この大信念《だいしんねん》が切々《せつせつ》たる実感《じっかん》として溢《あふ》れて来るまで、幾度《いくたび》でも繰《く》り返《かえ》し、「吾《わ》が業《わざ》は吾《わ》が為《な》すに非《あら》ず、吾《わ》れに宿り給《たま》う天《てん》の父これを為《な》し給《たま》う」ということを念《ねん》ぜよ。しかして神に依《よ》り頼《たよ》れ。希望《きぼう》をもて。心を平静《へいせい》に持て。神の愛を信ぜよ、無限性《むげんせい》を信ぜよ。神がその聖《せい》なるみ業《わざ》を自己《じこ》を通《とお》して為《な》し給《たま》うのだと信じて、それを繰返《くりかえ》し念《ねん》じて自己

平静　静かに落ち着いているさま

の心を一変《いっぺん》せよ。

八月十日

世界《せかい》を天国《てんごく》にする最《もっと》も迅速《じんそく》な方法《ほうほう》は、自分《じぶん》の最《もっと》も手近《てぢか》な務《つとめ》を、熱心《ねっしん》に喜《よろこ》んで充分尽《じゅうぶんつく》すことである。自分に手近にある事物《じぶつ》が、自分にとって神より与えられたる事物なのである。

食物《しょくもつ》も自分の手近に生産《せいさん》されるものが一等《とう》自分を活《い》かしてくれるのである。その日《ひ》、その時《とき》、自分の食膳《しょくぜん》に上《のぼ》ったものが自分にとって最も消化《しょうか》し易《やす》い栄養《えいよう》であるのである。手近にあるものを感謝《かんしゃ》して受けるのが素直《すなお》な生活《せいかつ》であり、聖者《せいじゃ》の生活である。

古人《こじん》も「道《みち》は邇《ちか》きにあり」といった。神の国《くに》も邇《ちか》くにあり、天国浄土《てんごくじょうど》も邇《ちか》くにある。

邇《ちか》くを忽諸《ゆるがせ》にするものはついに天国に到《いた》ることが出来《でき》ないのである。

頭注版㊳四七頁

迅速　きわめて速いさま

「道は邇きにあり」『孟子』「離婁上」十一にある言葉

忽諸（こっしょ）物事にいい加減に対処するさま。おろそかにするさま

「道《みち》」は――小《しょう》なりといえども「道」に背《そむ》かずんば、それは偉大《いだい》なる生活《せいかつ》であり、大規模《だいきぼ》の生活なりとも、「道」にそむけば、矮小《わいしょう》なる生活である。

何《なに》か歴史的《れきしてき》な英雄《えいゆう》じみたことをしなければ生《い》き甲斐《がい》が感《かん》じられないのは、野心《やしん》の生活であり、真理《しんり》の生活ではないのである。

真理は平凡《へいぼん》であり、太陽《たいよう》は毎朝《まいあさ》東から差《さ》しのぼって何《なん》の変哲《へんてつ》もないが故《ゆえ》に偉大なのである。

矮小　丈が低くて小さいこと

変哲もない　これと言って変わったところのない。平凡である

八月十一日

人間《にんげん》たちが互《たがい》に憎《にく》み合《あ》い、互《たがい》に悪口《あっこう》をいい合うのが私には不思議《ふしぎ》でたまらないのである。憎みや悪口《あっこう》の中《なか》には地獄《じごく》があり、愛と讃《ほ》め言葉《ことば》の中《なか》には天国《てんごく》浄土《じょうど》があるということを知っていながら、それらの人々《ひとびと》は憎み、且《か》つ悪口《あっこう》をいい合っているのである。

互《たがい》に排斥《はいせき》し合《あ》う者《もの》は『生長《せいちょう》の家《いえ》』の誌友《しゆう》ではないのである。況《いわ》んや「生

頭注版㊳四八頁

長の家」の講師《こうし》ではない。それは地獄《じごく》の役員《やくいん》であり、閻魔《えんま》の庁《ちょう》の衛丁《えいてい》ぐらいのところだろう。

「生長《せいちょう》の家《いえ》」のためにならないからといって、或《あ》る人《ひと》を排斥《はいせき》するのは間違《まちが》っている。「生長の家」はそんな小さなものではない。生長の家の為《ため》にならない人間《にんげん》などは世《よ》の中《なか》にないのである。毛虫《けむし》でさえも世の中に何《なに》か貢献《こうけん》している。況《いわ》んや毛虫に幾億倍優《いくおくばいまさ》っている人間に於《お》てをやである。

或《あ》る人間を毛虫のように思って排斥する人は、その排斥する方《ほう》の人自身《ひとじしん》が毛虫のような心をもっているのである。

毛虫が人に嫌《きら》われるのは、自分を衛《まも》るために人の不快《ふかい》がる装《よそお》いをして平気《へいき》なことである。自分を衛《まも》るために、人の迷惑《めいわく》になる悪口《あっこう》をいう人は毛虫の心である。

閻魔の庁　地獄の大王である閻魔の住む閻魔王宮
衛丁　守衛の任にある者

況んや…をや　…は言うまでもない。…はなおさらだ

八月十二日

汽車《きしゃ》に乗ってその汽車が顚覆《てんぷく》したからといって、その汽車に乗せた駅員《えきいん》が悪いのではない。顚覆《てんぷく》するような汽車に乗るのは、乗ったその人自身《ひとじしん》にその汽車に乗るようになっている「心」があったからである。

「心」が万事《ばんじ》に先行《せんこう》するということを知る人はどんな不幸《ふこう》に逢《あ》っても、他《た》を憎《にく》んだり恨《うら》んだりするものではない。自分《じぶん》の「心」がそれを造《つく》ったということを知っているからだ。

汽車に乗って不慮《ふりょ》の災難《さいなん》に逢《あ》うことも、人の口車《くちぐるま》に乗って不幸に陥《おちい》ったり物事《ものごと》が失敗《しっぱい》に終《おわ》るということも、「乗る」のは、自分がその乗物《のりもの》に引《ひ》き附《つ》けられて乗ったのだから、自分自身《じぶんじしん》の「心」の中《なか》に原因《げんいん》があるのである。他《ひと》が「悪い、悪い」と思っている人は、要《よう》するに責任《せきにん》を他《た》に転嫁《てんか》する卑怯者《ひきょうもの》のことである。

頭注版㊳四九頁

顚覆　ひっくり返ること

転嫁　罪や責任などを他人になすりつけること

人間《にんげん》は強くなるに従《したが》って、一切《いっさい》の原因《げんいん》を自分自身《じぶんじしん》に帰《き》するようになる。そして聖者《せいじゃ》といわれるほどの人《ひと》になると、衆生《しゅじょう》の一人《ひとり》でもまだ苦しんでいる者《もの》があると「自分自身」の責任《せきにん》だと感《かん》ずるものである。世界《せかい》の全《すべ》ての人類《じんるい》が「光明思想《こうみょうしそう》」を知らず、また知っても充分実践《じゅうぶんじっせん》せず、不幸《ふこう》に沈淪《ちんりん》している者があるのは、私の宣伝《せんでん》が足りないからなのである。皆《みな》私の罪《つみ》なのである。

沈淪　深く沈むこと

八月十三日

一《ひと》つの結婚《けっこん》に破《やぶ》れて、「惜《お》しいことをした。あそこまで進んでいたのに。あの人が要《い》らぬ口添《くちぞ》えをしたからだ」などと後悔《こうかい》する者は愚《おろ》かなる者である。

成《な》らない結婚は、それは成らないことによってそれは良《よ》かったのである。誰《たれ》かの少しの口添え位《くらい》で破壊《はかい》するような結婚は砂《すな》の上《うえ》に建てられた家《うち》のよう

頭注版㊳五〇頁

口添え　傍らから言葉を添えてとりなすこと

なもので、結婚《けっこん》してからも少しの風波《ふうは》に揺《ゆ》られると破壊《はかい》したかも知れないのである。結婚してから、夫婦関係《ふうふかんけい》が破壊するのは遅《おそ》すぎる。破壊するなら婚《こん》前《ぜん》のちょっとした問題《もんだい》で破壊したが良《よ》かったのである。

物《もの》の成《な》ると成らざるとは、「誰《たれ》かがどういった」などのことに原因《げんいん》があるのではない。不思議《ふしぎ》なその人各々《ひとおのおの》の「心」の中《なか》に在《あ》る運命《うんめい》を招《よ》び寄《よ》せる力《ちから》が、或《あ》る運命を反撥《はんぱつ》し、或《あ》る運命を磁石《じしゃく》のように吸《す》い寄《よ》せるのである。

風波　争いやもめごと

八月十四日

世界《せかい》を征服《せいふく》することは偉大《いだい》であるが、先《ま》ず自分《じぶん》の心の王国《おうこく》を征服することは一層《いっそう》偉大である。先《ま》ず自分の心の王国を征服し、自分の心に真理《しんり》を実現《じつげん》すれば、一家《いっか》に平和《へいわ》は来《きた》り、一家に平和来《きた》れば近隣相和《きんりんあいわ》す。近隣相和《あいわ》せば、一町《ちょう》一村《そん》に平和来《きた》り、一町一村に平和来《きた》れば、一郡《ぐん》一県《けん》に真理来《きた》る。一郡一県に真理来《きた》れば、国家《こっか》はじめて正法《しょうぼう》に立脚《りっきゃく》し、国家正法《しょうぼう》に立脚すれば四隣《しりん》の国《くに》

頭注版㊳五一頁

正法　仏教の正しい教え
立脚　よりどころにすること
四隣　四方の隣国

おのずから相和《あいわ》し、四隣《しりん》の国《くに》おのずから相和《あいわ》せば、もって世界《せかい》の平和《へいわ》を招《まね》くに足るのである。

八月十五日

或《あ》る人《ひと》からこんな手紙《てがみ》が来た——

私信《ししん》で誠《まこと》に恐《おそ》れ入《い》ります。昨夜《さくや》古い雑誌《ざっし》を見ていましたら、『制作《せいさく》』八月《がつ》号《ごう》の三上秀吉《みかみひできち》氏《し》「雲仙《うんぜん》」がみつかりました。「雲仙」を顕微鏡《けんびきょう》で眺《なが》めたような、細《こまか》い描写《びょうしゃ》でございます。今春《こんしゅん》、先生《せんせい》には「雲仙」にいらっしゃいましたので、これをお読み下《くだ》されば幾《いく》らか御興味《ごきょうみ》がおありではないだろうかと考えまして、お贈《おく》り申《もう》し上《あ》げます。登山記《とざんき》であると同時《どうじ》に創作《そうさく》であり、宗教《しゅうきょう》的求道記《てきぐどうき》でもあり、好個《こうこ》の短篇《たんぺん》だと考えます。（私の尺度《ものさし》では）それで、お手すきの時《とき》お気楽《きらく》に読んで戴《いただ》けば大変有難《たいへんありがと》うございます。

頭注版㊳五一頁

私信　個人的な手紙

雲仙　雲仙岳。長崎県の島原半島にある複式火山群

好個　ちょうどよいこと

三上秀吉氏《みかみひできちし》は志賀直哉氏《しがなおやし》の高弟《こうてい》で、今年《ことし》四十四、五歳《さい》の年輩《ねんぱい》の人《ひと》でございます。私は文学《ぶんがく》の上《うえ》で兄事《けいじ》しています。私が『生命《せいめい》の實相《じっそう》』を読まない時《とき》、加藤《かとう》さんで苦しんでいる時、三上氏《みかみし》がいろいろ仏教哲学《ぶっきょうてつがく》の手ほどきをしてくれました。私が、『生命《せいめい》の實相《じっそう》』に吸《す》いつけられたのは、三上氏からいろいろ指導《しどう》されていたからであります。

しかし、昨夜《さくや》、この「雲仙《うんぜん》」を読み返してみまして、三上氏は現象《げんしょう》の奥《おく》に本体《ほんたい》(無明《むみょう》)を追求《ついきゅう》しているところに、三上氏の知性《ちせい》の混濁《こんだく》を発見《はっけん》しました。以前《いぜん》は、三上氏の説《せつ》に眩惑《げんわく》されていましたけれど……。

先生《せんせい》の御指導《ごしどう》によりまして、現象の奥に澄《す》みきった実相《じっそう》を拝《おが》まして戴《いただ》くようになった自分《じぶん》をしみじみ幸福《こうふく》に感《かん》じました。又《また》、在来《ざいらい》の仏教的詩感《ぶっきょうてきしかん》の消《しょう》極性《きょくせい》が自分の感覚《かんかく》(文学上《ぶんがくじょう》)にあわなくなったことも感じ、生長《せいちょう》の家《いえ》の教《おし》えにふれて僅《わず》か一年《ねん》に足りませんけれど、自分の変《かわ》り方《かた》に自分ながらびっくり致《いた》しました。

志賀直哉氏　明治十六～昭和四十六年。小説家。『白樺』を創刊した。代表作に「暗夜行路」などがある。昭和二十四年に文化勲章受章
高弟　特にすぐれた弟子
兄事　兄のように敬って仕えること
追求　どこまでも追い求めること
混濁　いろいろなものが混ざって濁ること
眩惑　目をくらませて惑わすこと
在来　これまであった
詩感　詩のように伝わる言葉の響き

しかし、三上《みかみ》氏《し》は、非常《ひじょう》に叡智《えいち》の高い人《ひと》で、日常《にちじょう》の生活《せいかつ》も隙《すき》のない、律《りつ》の正しい人でございます。朝夕《あさゆう》、『般若心経《はんにゃしんぎょう》』を読んで坐禅《ざぜん》をやっています。

昨年《さくねん》七月《がつ》私が『生命《せいめい》の實相《じっそう》』に感謝《かんしゃ》している時《とき》、三上氏は、ぺらぺらと頁《ページ》をめくってみて、「これは通俗仏教《つうぞくぶっきょう》じゃないか」といいました。それから昨年十月、私が生長《せいちょう》の家《いえ》を礼讃《らいさん》しますと、三上氏は「僕達《ぼくたち》はパリサイ人《びと》だ」と謙虚《けんきょ》な意味《いみ》でいいました。それから私が今年《ことし》二月生長の家に入《はい》る時、「肉《にく》体的《たいてき》にハンディキャップのついている君《きみ》は、生長の家の信仰《しんこう》によって、それを超越《ちょうえつ》していることを実証《じっしょう》してくれ」と、実《じつ》に美しい言葉で激励《げきれい》してくれました。それから、本年《ほんねん》四月には、「やはり谷口先生《たにぐちせんせい》のような人に、現下《げんか》の日本《にっぽん》を救《すく》う大宗教《だいしゅうきょう》を樹立《じゅりつ》してもらいたい」といい、又二十日《またはつか》ばかり前《まえ》には、「僕《ぼく》は正直《しょうじき》なところ宗教的《しゅうきょうてき》には確乎《かっこ》たる信念《しんねん》がないのだ。谷口先生のような方《かた》に、僕は駈引《かけひき》のないところをいってもらいたい（喝《かつ》の意《い》）のだ」とい

律　守るべき生活規律

通俗仏教　一般向けにわかりやすく説かれた仏教の教え

礼讃　すばらしいものとして、ほめたたえること

パリサイ人　イエスの時代のユダヤ教の一派。モーセの律法の厳格な遵守を主張した。イエスによってその形式主義などが激しく批判された

現下　現在。目下

喝　禅宗で修行者を励まし導くときの叫び声

っていました。こうして、私は自分《じぶん》の身辺《しんぺん》の人《ひと》が生長《せいちょう》の家《いえ》を徐々《じょじょ》に正しく認識《にんしき》し、且《か》つ鑽仰《さんぎょう》してくれることを嬉《うれ》しく思います。

しかし、実際生活《じっさいせいかつ》に於《お》いて、三上氏《みかみし》の生活《せいかつ》は非常《ひじょう》に清潔《せいけつ》で健康《けんこう》で、いろいろな点《てん》で私は教《おし》えられます。

いろいろつまらないことを申《もう》し上《あ》げましたが、「雲仙《うんぜん》」が何《なに》か御興味《ごきょうみ》がございましたらと思いまして……敬具《けいぐ》

八月十六日

米国《べいこく》ウィスコンシン州《しゅう》モンロー衛生病院長《えいせいびょういんちょう》ジョーン・A・シュインドラー博士《はくし》(Dr.John.A.Schindler)は、米国にて医者通《いしゃがよ》いをしている病人《びょうにん》の五十パーセント以上《いじょう》は精神《せいしん》が身体《しんたい》に及《およ》ぼした疾患《しっかん》(Psychosomatic illness)――であるということを最近発表《さいきんはっぴょう》しているのである。更《さら》に同博士《どうはくし》はニュー・オルレアンのオシュネル衛生病院《えいせいびょういん》の患者《かんじゃ》五百名《めい》について調査《ちょうさ》したところによる

鑽仰　『論語』「子罕(しかん)篇」にある孔子の高弟顔淵の言葉。聖人や偉人の徳を仰いで尊ぶこと

敬具　手紙の終わりに添える語。以上謹んで申し上げますの意

頭注版㊳五四頁

とその中《うち》、三百八十六名《めい》の病気《びょうき》は精神状態《せいしんじょうたい》——特《とく》に心配《しんぱい》、難問題《なんもんだい》、色々《いろいろ》の精神的争《せいしんてきあらそ》いなどが因《もと》になって起《おこ》っていたということを強調《きょうちょう》しているのである。実《じつ》にこのパーセンテージは七十七%《パーセント》に上《のぼ》るのである。この問題《もんだい》は決《けっ》して、一、二の精神治療家《せいしんちりょうか》の言説《げんせつ》のみを根拠《こんきょ》とするのではなくして主《おも》なる米国《べいこく》の医学者《いがくしゃ》、精神分析学者《せいしんぶんせきがくしゃ》、心理学者《しんりがくしゃ》は口を揃《そろ》えて、取越苦労《とりこしくろう》、問題の未解《みかい》決《けつ》による煩悶《はんもん》、家庭《かてい》の不和《ふわ》、事業《じぎょう》の失敗《しっぱい》、経済的煩労《けいざいてきはんろう》、過去《かこ》に犯《おか》したる罪《つみ》の暴露《ばくろ》の恐怖《きょうふ》、良心《りょうしん》の呵責《かしゃく》、劣等感《れっとうかん》、人《ひと》に秘密《ひみつ》にしている或《あ》る悩《なや》み、……等々《とうとう》、無数《むすう》の精神的原因《せいしんてきげんいん》が肉体《にくたい》の病気となって現《あらわ》れるという事《こと》に同意《どうい》しているのである。偶々《たまたま》、物質治療《ぶっしつちりょう》にのみ頼《たよ》る医者《いしゃ》がそのような学説《がくせつ》に反対論《はんたいろん》をとなえることがあるのは、精神《せいしん》に原因《げんいん》があるとして治療《ちりょう》されれば、物質的治療《ぶっしつてきちりょう》を抛棄《ほうき》する者《もの》があり、その為《ため》に治療の時期《じき》を過《あやま》ったり、又時《またとき》に医師《いし》に罹《かか》る者が少《すく》なくなったりする惧《おそ》れがあるからである。しかし医学的物質治療《いがくてきぶっしつちりょう》は精神的《せいしんてき》治療《ちりょう》と両立《りょうりつ》しないものではないのである。精神方面《せいしんほうめん》の治療は原因に対《たい》する

精神分析学者　ブロイエルが創出し、フロイトが確立した人間の深層心理を扱う学問の学者。本全集第十一巻「精神分析篇」参照

取越苦労　将来のことについて無用の心配をすること。本全集第十三巻「生活篇」下巻所収の「取越し苦労するなかれ」等参照

煩悶　いろいろと考え悩むこと

煩労　心をわずらわせて身を疲れさせること

良心の呵責　良心に責めさいなまれること

治療《ちりょう》であり、物質方面《ぶっしつほうめん》の治療は結果《けっか》に対《たい》する治療である。黴菌等《ばいきんとう》を原因《げんいん》とする病気《びょうき》も、黴菌《ばいきん》に侵害《しんがい》されるような精神状態《せいしんじょうたい》が更《さら》に原因になっているのである。むしろ物質治療《ぶっしつちりょう》を行《おこな》う医者《いしゃ》が、精神方面《せいしんほうめん》の原因についても理解《りかい》を持ち、精神的原因《せいしんてきげんいん》をも除去《じょきょ》しつつ、病状《びょうじょう》(結果)の消滅《しょうめつ》のために物質的治療《ぶっしつてきちりょう》を施《ほどこ》すようになるならば、患者《かんじゃ》は非医者《ひいしゃ》に頼《たよ》って医者からのがれて行《ゆ》くようなことはなくなるのである。現代《げんだい》の医者にとって必要《ひつよう》なのは新薬《しんやく》の試験的濫用《しけんてきらんよう》ではなく、もっと精神身体医学的《せいしんしんたいいがくてき》な知識《ちしき》を獲得《かくとく》してそれを患者に応用《おうよう》することである。最近日本教文社《さいきんにっぽんきょうぶんしゃ》から出たメニンジャー博士《はくし》の『おのれに背《そむ》くもの』や『愛憎《あいぞう》』などの本はこの方面《ほうめん》の好参考書《こうさんこうしょ》である。

八月十七日

家庭光明寮《かていこうみょうりょう》は婚前《こんぜん》の処女《しょじょ》に花嫁《はなよめ》としてのあらゆる資格《しかく》を与えるために訓練《くんれん》する学校《がっこう》であるが、或《あ》る時《とき》、その中《なか》に一度《ど》結婚《けっこん》して、姑《しゅうとめ》との折合《おりあい》が悪く

濫用　みだりに用いること

メニンジャー博士　Karl.A.Menninger　一八九三〜一九九〇年。アメリカの精神分析医

『おのれに背く者』　草野榮三良訳。昭和二十七年、日本教文社刊

『愛憎』　草野榮三良訳。昭和二十六年、日本教文社刊

頭注版㊳五五頁

家庭光明寮　昭和十年、「家庭を光明化する婦人」を養成すべく、東京の赤坂にあった生長の家本部内に開設された「花嫁学校」

姑　夫または妻の母親

折合　人と人との仲

てついに離婚《りこん》になった美しい娘《むすめ》が、もう一度《ど》花嫁《はなよめ》としての修行《しゅぎょう》をするため寮生《りょうせい》の中《なか》に混《まじ》っていた。彼女《かのじょ》は眼立《めだ》って美しかったが、眼立《めだ》って知的《ちてき》で澄《す》まし込《こ》んでいるので、他《た》の寮生とは全然異《ぜんぜんことな》る雰囲気《ふんいき》を持っていた。

何故《なぜ》この美しい知的な娘が結婚生活《けっこんせいかつ》に於《おい》て今迄《いままで》不幸《ふこう》であったのだろうか。それは彼女自身《かのじょじしん》が間《ま》もなく「他《た》の寮生たちが何《なん》でも無邪気《むじゃき》に、箸《はし》の転《ころ》んだのにまでも愉快《ゆかい》そうに笑うのが低級《ていきゅう》に見えて皆《みな》さんと気持《きもち》が合わない」と申《もうし》出《で》て来たことによってハッキリ判《わか》ったことであった。

彼女は何事《なにごと》も素直《すなお》にそのまま美しいと無邪気《むじゃき》に受容《うけい》れる性質《せいしつ》を持っていなかったのであったのである。

素直に笑うことが出来《でき》ないものは「笑う門《かど》に福運来《ふくうんきた》る」の法則《ほうそく》に既《すで》に背《そむ》いているのである。その上《うえ》まだ素直に笑っている少女達《しょうじょたち》を低級だとか何《なん》だとか非難《ひなん》しているのである。

彼女の眼《め》から見るならば、素直に食卓《しょくたく》に談笑《だんしょう》している舅《しゅうと》　姑《しゅうとめ》たちも低級

箸の転んだのにまでも…「箸が転んでもおかしい年頃」という諺。十代後半頃の少女は日常の普通の出来事にもおかしがってよく笑う年頃であるさま

談笑　うちとけて楽しく話し合うこと

舅　夫または妻の父親

に見えたであろう。それならば彼女《かのじょ》が舅姑《しゅうとたち》から排斥《はいせき》されて離縁《りえん》になったのも無理《むり》はない。誰《たれ》でも低級《ていきゅう》だと見られて喜《よろこ》んで、その批評者《ひひょうしゃ》を迎《むか》えるものはないからである。

しかし、何故《なぜ》、無邪気《むじゃき》に笑っている少女達《しょうじょたち》が低級なのであろうか。そう感《かん》じられる汝《なんじ》の心が却《かえ》って低級なのである。

無邪気《むじゃき》に笑う樹草《じゅそう》の花が人間《にんげん》に愛《め》でられるのは、無邪気《むじゃき》に生命《せいめい》が笑っている――そのこと自身《じしん》が既《すで》に価値《かち》であるからである。人間も同じことである。価値に「何故《なぜ》?」という理窟《りくつ》づけをしたときに、その人《ひと》はもう知恵《ちえ》の樹《こ》の果《み》を食べたイヴとなったのである。そして彼女は永遠《えいえん》にエデンの楽園《らくえん》から逐《お》い出《だ》されねばならないのである。彼女が離婚《りこん》になったのも無理はない。

価値は、理窟《りくつ》なしに価値なのである。

八月十八日

知恵の樹の果　『旧約聖書』「創世記」第三章に記されている、神から食べることを禁じられていた善悪を知る木の実。本全集第十九巻「万教帰一篇」上巻第一章参照

イヴ　「創世記」に記されている人類の始祖であるアダムの肋骨から生まれた女性。蛇にそそのかされて禁断の木の実を食べたためにアダムと共に楽園から追放された

頭注版㊳五七頁

与えられたる一切《いっさい》をそのまま受けるところに幸福《こうふく》は来《く》るのである。或《あ》る会《かい》社《しゃ》の重役《じゅうやく》が瀆職《とくしょく》の嫌疑《けんぎ》によって某刑務所《ぼうけいむしょ》の未決監《みけつかん》に投獄《とうごく》せられたときに、彼《かれ》はひと晩《ばん》ぐっすり眠入《ねい》って翌朝《よくちょう》洗面《せんめん》して向《むこ》うにある鏡《かがみ》に映《うつ》る自分《じぶん》の顔《かお》を見たときに驚《おどろ》いた。それは彼の眼《め》が幼《おさな》い児童《じどう》の眼《め》のように無邪気《むじゃき》な実《じつ》に澄《す》み切《き》った美しい眼《め》であったということである。

五十歳《さい》を過《す》ぎている彼は、もう五十歳を過ぎたら、眼《め》の白い部分《ぶぶん》は老衰《ろうすい》の結果《けっか》どんより曇《くも》ってしまって、永久《えいきゅう》に幼童《おさなご》のように澄みきった美しい眼《め》にはなれないものだと思っていたのである。

ところが、実《じつ》に彼の眼《め》の複雑《ふくざつ》な濁《にご》りは、彼の複雑な浮世《うきよ》の問題《もんだい》に悩《なや》んでいる心の具象化《ぐしょうか》に過《す》ぎないのであった。

今《いま》、彼は刑務所に投獄された。浮世《うきよ》の問題について何《なに》を思《おも》い煩《わずら》っても、手の達《とど》かない世界《せかい》のことであったから、彼は何一《なにひと》つ思い煩わないで、与えられた未決監《みけつかん》の生活《せいかつ》をそのまま素直《すなお》に受けたのだった。

瀆職　公務員などが賄賂を受け取って職務をけがすこと。汚職

嫌疑　犯罪の事実があるのではないかとの疑い。容疑

未決監　刑が確定する前の未決囚を拘禁する刑事施設。拘置所や警察の留置場

浮世　世の中。俗世間

監獄《かんごく》はそんなに彼《かれ》にとって苦しいところではなかった。その世界《せかい》は狡猾《こうかつ》な策略《さくりゃく》も商戦《しょうせん》も何《なに》も複雑《ふくざつ》な思《おも》い煩《わずら》いの要《い》らぬ世界であった。彼は与えられた生活《せいかつ》をそのまま素直《すなお》に受取《うけと》って、まるで幼児《おさなご》のような心境《しんきょう》になったのだ。その心境が一夜《いちや》のうちに具象化《ぐしょうか》して彼は澄《す》み切《き》った瞳《ひとみ》の色《いろ》になっていたのだった。

監獄の生活でさえもそのまま素直に受けるときそこに天国《てんごく》があるのだ。もしこの重役《じゅうやく》がこの未決監《みけつかん》から逃《に》げ出《だ》そうと思って色々焦《いろいろあせ》っていたならば、この澄み切った美しい眼《め》にはなれなかったに相違《そうい》ない。――こう私はその重役の話を聞いたとき教《おし》えられたのであった。

狡猾　悪賢くてずるいさま
策略　はかりごと

八月十九日

赤《あか》ん坊《ぼう》が母親《ははおや》の乳房《ちぶさ》から乳《ちち》を戴《いただ》く方法《ほうほう》は頗《すこぶ》る簡単《かんたん》である。母親の膝《ひざ》に縋《すが》って行《ゆ》き、誠《まこと》にも信頼《しんらい》した心境で、両手《りょうて》をもってその懐《ふところ》を開《ひら》くのである。

頭注版㊳五八頁

人間《にんげん》がもし神の子であるならば、その神の子が親神《おやさま》の無限供給《むげんきょうきゅう》を頂《いただ》く方《ほう》法《ほう》は頗《すこぶ》る簡単《かんたん》である。それは神の膝《ひざ》の上《うえ》にかき上《あが》って、誠《まこと》にも信頼《しんらい》した状態《じょうたい》で、両手《りょうて》でその懐《ふところ》を開《ひら》けば好《よ》い。

信頼せぬ者《もの》、両手で開かぬ者、信じない者、働《はたら》かない者は与えられないのは仕方《しかた》がない。

八月二十日

求めよ。ただし、信じて求めよ、さらば必《かなら》ず与えられん。餓《う》え渇《かわ》く如《ごと》く求める者はついに生命《いのち》の泉《いずみ》を見出《みいだ》すであろう。

しかし、どこへ向《むか》って求むべきであるか。多くの先人《せんじん》は求むる方向《ほうこう》が間違《まちが》っていたために失敗《しっぱい》したのである。彼《かれ》らは「神」に求むることを忘れて、人《ひと》に求めたのである。或《あるい》は、彼らは「神」に求めることは求めたのであるが、その「神」なるものは木像《もくぞう》であったり、金仏《かなぶつ》であったり、石像《せきぞう》であったり、

頭注版㊳五九頁

金仏　金属製の仏像

時《とき》とすると声《こえ》のとどかない遠方《えんぽう》にいたりして、こちらが求めていても聞《きこ》えなかったりしたのである。

そこで吾《われ》らは、そんな遠くにいまさない、実《じつ》に自分《じぶん》の手近《てぢか》なところにいまして、常《つね》に吾々《われわれ》の求めを聞いていて下《くだ》さる「内在《ないざい》の神」に求めることにすべきである。

宇宙普遍《うちゅうふへん》の神——それは普遍《ふへん》であり給《たま》うが故《ゆえ》に、わがうちにも宿《やど》り給《たま》うて、吾《わ》が要求《ようきゅう》を悉《ことごと》く諾《き》き給《たま》うのである。

八月二十一日

同一種類《どういつしゅるい》の黴菌《ばいきん》もその寄生《きせい》する人間《にんげん》に従《したが》って毒性《どくせい》を現《あらわ》すことも、毒性を現さないこともある。「ロムリンゲルとシュナイデルは健康人《けんこうじん》の腹中《ふくちゅう》にチフス菌《きん》を発見《はっけん》した。ジフテリア菌《きん》或《あるい》はその極近《ごくちか》い変種《へんしゅ》が健康児《けんこうじ》の咽喉《のど》にいることがある」とルネ・アランデイ博士《はくし》はいっている。かつて某所《ぼうしょ》の衛生課《えいせいか》で調

いまさない　いらっしゃらない

普遍　広くゆきわたること。あまねく万物に及ぶこと

諾く　承知する

頭注版㊳六〇頁

チフス菌　腸チフス菌。感染すると発熱等の症状が現れ、小腸に潰瘍ができる

ジフテリア菌　発熱性伝染病であるジフテリアの病原菌。一八八三年、ドイツの細菌学者クレープスが発見した

べたところによるといって某新聞《ぼうしんぶん》に出ていたが、赤痢菌《せきりきん》と称《しょう》して同一種《どういつしゅ》に取扱《とりあつか》われている菌《きん》は、十数年前《すうねんぜん》赤痢菌として取扱《とりあつか》われた菌とは形状《けいじょう》までも全然相異《ぜんぜんそうい》しているとのことである。黴菌《ばいきん》も性質《せいしつ》が変《かわ》り、形状も変《かわ》ること、猛獣《もうじゅう》も飼育《しいく》すれば性質も形態《けいたい》も変化《へんか》するのと同じである。長井《ながい》折三《おりぞう》博士《はくし》は「医師《いし》は須《すべから》く伝染病《でんせんびょう》の伝染《でんせん》する理由《りゆう》を研究《けんきゅう》すると共《とも》に、伝染病非伝染《でんせんびょうひでんせん》の理由も研究せざるべからず」といっている。

大阪外語《おおさかがいご》の教授山本健太郎氏《きょうじゅやまもとけんたろうし》が上海戦《シャンハイせん》に参加《さんか》したとき、支那軍《しなぐん》が細菌戦《さいきんせん》術《じゅつ》をとって飲料水《いんりょうすい》に細菌《さいきん》を投《とう》じたために、味方《みかた》の軍勢中《ぐんぜいちゅう》夥《おびただ》しい赤痢患者《せきりかんじゃ》やコレラ患者《かんじゃ》が出来《でき》た中《なか》に、悠々恐怖《ゆうゆうきょうふ》なく戦友《せんゆう》を看護《かんご》しつつ善戦《ぜんせん》したが、出征《しゅっせい》の際気《さいき》の毒《どく》な程《ほど》痩《や》せていた山本先生《やまもとせんせい》、戦地《せんち》に於《お》て却《かえ》って肥満《ひまん》し、いっこう赤痢《せきり》にもコレラにも罹《かか》らなかったという。山本教授《やまもときょうじゅ》は『生命《せいめい》の實相《じっそう》』の巻頭《かんとう》の教《おし》えに従《したが》って、戦場《せんじょう》にいてさえも「天地一切《てんちいっさい》のものとの調和《ちょうわ》」を念《ねん》じ、心に病《やまい》を思わず、全然《ぜんぜん》恐怖を超越《ちょうえつ》していたということである。伝染

赤痢菌　急性消化器系伝染病である赤痢を起こす病原性細菌。明治三十年に志賀潔が発見した

須く　ぜひとも

せざるべからず　しなければならない

大阪外語　大正十年に創立した大阪外国語学校。昭和二十四年に新制の大阪外国語大学となる。平成十九年に大阪大学と統合して大阪大学外国語学部となった

山本健太郎氏　昭和二年に大阪外国語学校に着任した山本健太郎氏を指すと思われる

上海戦　昭和七年一月二十八日に上海で起こった日本と中華民国との戦闘。上海事変

支那軍　ここでは中華民国軍。「支那」は中国大陸で生起した政治・経済・文化・歴史等の総称

出征　軍隊に加わって戦地に行くこと

病が伝染《でんせん》しなかった原因《げんいん》は同教授《どうきょうじゅ》の調和《ちょうわ》の念《ねん》と、無恐怖《むきょうふ》の念《ねん》と、心に病《やまい》を思わざる平和《へいわ》の心境《しんきょう》であったにちがいない。人《ひと》によっては、黴菌《ばいきん》はその人に病気《びょうき》を起《おこ》させないでいながら、その人の中《なか》に調和して住んでいる事《こと》も出来《でき》るのである。また病菌《びょうきん》は徐々《じょじょ》に又《また》は急速《きゅうそく》にその人の体内《たいない》から退却《たいきゃく》して、別《べつ》の調和した世界《せかい》へ移行《いこう》を開始《かいし》するものである。

八月二十二日

頭注版㊳六一頁

症状《しょうじょう》が生命《せいめい》の活動《かつどう》であって死の活動でないのは、死んだら症状が無《な》くなるので明《あきら》かである。発熱《はつねつ》や喀血《かっけつ》や下痢《げり》や咳嗽《せき》を病気の活動だと思うのは明《あきら》かに錯覚《さっかく》である。いわゆる吾々《われわれ》が「病気」だと思っているこれらの如《ごと》き症状は、生活環境《せいかつかんきょう》に抵抗又《ていこうまた》は対応《たいおう》せんとする内部生命《ないぶせいめい》の活動の顕《あらわ》れであって、「病気」そのものではないのである。

されば賢者《けんじゃ》は症状に感謝《かんしゃ》し、発熱や喀血や下痢や咳嗽《せき》が起《おこ》る毎《ごと》に、内部生《ないぶせい》

喀血　肺や気管支が出血し、その血を咳とともに吐くこと

命《めい》の、かほどまでにして自分《じぶん》を生かそうとしている努力《どりょく》に感謝《かんしゃ》するのである。

八月二十三日

不満足《ふまんぞく》さえも、又《また》まことに有《あ》りがたいことではある。不満足があるので、吾々《われわれ》は信仰《しんこう》に志《こころざ》し、真理《しんり》に到達《とうたつ》し、救《すく》われることが出来《でき》たのである。不満足に対《たい》してさえも吾《われ》らが感謝するとき、どこに真《しん》の「不満足」があるか。「不満足」と見えたのは「満足《まんぞく》」の偽装《ぎそう》であり仮面《かめん》に過《す》ぎない。

陰極陽転《いんきょくようてん》の理《り》は昭々《しょうしょう》として明《あき》らかである。資源不足《しげんふそく》して人造《じんぞう》の代用品到《だいようひんいた》るところに満《み》ち、人知《じんち》の進歩《しんぽ》却《かえ》って増大《ぞうだい》する。不足は増大の本《もと》である。

窮《きゅう》せずんば伸《の》び、窮《きゅう》すれば更《さら》に伸びる。人《ひと》は真《まこと》に伸びることしか知らぬ偉《い》大《だい》なる存在《そんざい》である。

かほど　これほど

頭注版㊳六一頁

偽装　本来の姿を別のものと見間違えるようによそおうこと

陰極陽転の理　諺の「陰きわまって陽」。物事が局限に達して正反対の力に変化すること。悪いことの後には良いことが訪れること

昭々　あきらかなさま

窮する　行き詰まって困りきる。貧困に苦しむ

八月二十四日

ひたすら道《みち》を求むるために釈迦時代《しゃかじだい》の弟子《でし》は親《おや》を捨《す》て、妻《つま》を捨て、子を捨てて出家《しゅっけ》したのである。「汝《なんじ》の父母《ふぼ》、妻子《さいし》、姉妹《きょうだい》に反《そむ》くものに非《あら》ずんば吾《わ》が弟子となることを得《え》ず」とキリストはいった。いずれも大《たい》した覚悟《かくご》である。大事《だいじ》の前《まえ》には一切《いっさい》を捨てねばならぬ。捨てることさえも捨て去って、去来《きょらい》するものをそのまま素直《すなお》に受けるとき、去るべきものは去り、来《きた》るべきものは来《きた》りて、ただ自分《じぶん》は有難《ありがた》く受けるのである。任運無作《にんうんむさ》、法爾自然《ほうさながらじねん》、いのちさながら、それが法悦《ほうえつ》の境地《きょうち》である。

冬の中《うち》に春は準備《じゅんび》されている。精《くわ》しくいえば「春」は「冬」の中《うち》にあるのである。平和《へいわ》は戦《たたか》いの中《うち》にあり、幸福《こうふく》は不幸《ふこう》と見えるものの中《うち》にある。法《ほう》さながら受ける者《もの》には「冬」の中《うち》に「春」のあることが分《わか》り、戦いの中《うち》に「寂《じゃっ》光土《こうど》」があることが判《わか》るのであるが、現象《げんしょう》に捉《とら》えられて、焦《あせ》る者には、た

頭注版㊳六二頁

「汝の父母、…」『新約聖書』「マタイ伝」第十章、「ルカ伝」第十四章にあるキリストの言葉

去来 去ることと来ること

任運無作 自然のままに任せて人為的な働きのないこと

さながら そのまま

寂光土 真理そのものの仏身である法身仏の住む浄土

だ心の描《えが》く地獄《じごく》が見えるばかりである。

八月二十五日

執着《しゅうじゃく》の愛は憎悪《ぞうお》と裏表《うらおもて》である。憎《にく》み、嫉《ねた》み、憤《いか》り、苛立《いらだ》ち、惜《お》しみ、悲しみ、歎《なげ》きは全《すべ》て病気《びょうき》の因《もと》である。法爾《ほうさながら》になる時《とき》病気が治《なお》るのは、法爾《ほうさながら》の境地《きょうち》は執着《しゅうじゃく》を断《た》った境地であるからである。

天理教《てんりきょう》で、「病気が治《なお》りたいなら、すべてのものを神様《かみさま》にあげてしまえ」というのも、法爾《ほうさながら》の心境《しんきょう》にならせるためであって、必《かなら》ずしも搾取《さくしゅ》の手段《しゅだん》ではないのである。

搾取は教会《きょうかい》の制度《せいど》から来るのであって、教祖《きょうそ》の教《おし》えから来るのではないのである。

頭注版㊳六三頁

天理教　教派神道の一つ。天保九年、中山美伎が創始

搾取　しぼり取ること。奪い取ること

八月二十六日

有《も》てるものを見て羨《うらや》むな。羨《うらや》むとは心病《うらや》むことであり、心《こころ》が病むことである。既《すで》に心《こころ》病めば身《み》の病《やまい》の現《あらわ》れるのは当然《とうぜん》である。他《ひと》の有《も》てるものを見るから、心ものに執着《しゅうじゃく》し、執着《しゅうじゃく》するが故《ゆえ》に粘着《ねんちゃく》し、捉《とら》えられ、縛《しば》られて心が苦しむのである。

他《ひと》の有《も》てるを見るときには、ものを見ず心を見よ。如何《いか》なる心が、その富《とみ》を引き寄せたか。二十五年前《ねんぜん》無一物《むいちぶつ》のフォードがその二十五年後《ねんご》には自《じ》動車王《どうしゃおう》として億万《おくまん》の富《とみ》を引寄《ひきよ》せ得《え》た心境《しんきょう》を知るが好《よ》い。そして、その同じ「心」が自分《じぶん》の内《うち》にも宿《やど》っているものであることを自覚《じかく》せよ。

羨《うらや》むなとは諦《あきら》めよということではない。自分が貧弱《ひんじゃく》なままで諦《あきら》めておれということではない。自分のうちに彼《かれ》と同じところの立派《りっぱ》な価値《かち》が宿っているということを信じて勇猛果敢《ゆうもうかかん》にそれを掘鑿《くっさく》せよというのである。

頭注版㊳六三頁

無一物　何もないこと。何も持っていないこと

フォード　Henry Ford 一八六三〜一九四七年。アメリカの自動車会社フォード・モーターの創設者。フォードの経営理念については本全集「実相篇」「生命篇」等にもたびたび述べられている

勇猛果敢　勇ましくて勢いがあり、何事も恐れずに行動すること

あなたの内《うち》に、既に全《すべ》てが宿《やど》っているものを。隣《とな》りの井戸水《いどみず》の豊富《ほうふ》を羨《うらや》んでいる暇《ひま》に、自己《じこ》の地面《じめん》に井戸《いど》を掘《ほ》れば好《よ》いのである。掘れば掘る程滾々《ほどこんこん》と生命《いのち》の清水《しみず》が湧《わ》き出《い》でて来るのである。

頭注版㊳六四頁

八月二十七日

愛するも憎《にく》むも心であるが、それは本心《ほんしん》ではない。愛憎《あいぞう》の心は妄心《もうしん》である。妄心とは本来《ほんらい》ない心である。本心は愛憎を離《はな》れた心である。平等《びょうどう》の心である。愛憎を離れた平等の本心のみ、よく自己の心中《しんちゅう》の敵《てき》を殺し、自己の内《うち》の敵を殺す者《もの》よくまた自己の外《そと》に敵手《てきしゅ》を必殺《ひっさつ》する。

無敵流《むてきりゅう》の平法《へいほう》の極意《ごくい》はここにある。

妄心　煩悩にとらわれた迷いの心

敵手　自分と同じくらいの力を持つ相手

無敵流　剣術、兵法の流派の一つである平常無敵流。江戸時代前期に山内一真(号は蓮真)が創始。「無敵」は「最強」の意ではなく、平常から自分を害する敵が無い状態の意

平法　平常無敵流などの剣術の流派に於ける「兵法」を意味する表記法

頭注版㊳六五頁

八月二十八日

若い娘《むすめ》さんがお嫁《よめ》に往《い》って、その家庭《かてい》が面白《おもしろ》からぬ場合《ばあい》に、何《なん》とかして

その婚家先《こんかさき》から逃《に》げ出《だ》そうという思いを起《おこ》すと、病気《びょうき》になったりすることがある。病気になったら実家《じっか》に帰れると思うと潜在意識《せんざいいしき》がその目的《もくてき》を達成《たっせい》させるために肉体《にくたい》を病気にならせるのである。嫁《よめ》が、そういうふうに逃げ出そうと思っている限《かぎ》りは本当《ほんとう》の真心《まごころ》を尽《つく》すことが出来《でき》ないから、舅《しゅうと》、姑《しゅうとめ》から見ても百パーセントその嫁が真心《まごころ》を尽《つく》しているというように見えないから、舅《しゅうと》姑《しゅうとめ》の方《ほう》でも不満足《ふまんぞく》である。そこでどうしても嫁に対《たい》して冷《つめ》たく当《あた》るということになる。そして嫁と岳父母《しゅうとたち》との間《あいだ》に仕切《しきり》が出来たようになる。けれども逃げ出すことが出来ない。逃げ出すことが出来ないのを逃げ出す為《ため》には病気にでもなるほか仕方《しかた》がない。そこで潜在意識が病気をつくるのである。夫婦間《ふうふかん》の仲《なか》がわるいために病気になれば、胸《むね》の病気か、泌尿器《ひにょうき》生殖器《せいしょくき》の病気となって現《あらわ》れる。岳父母《しゅうとたち》を憎《にく》んだり、自分《じぶん》をこんな家《いえ》へ嫁《とつ》がせたのは父母《ふぼ》が悪いと、父母を恨《うら》んだりしていると脊椎《せきつい》カリエスになったり、頭《あたま》の病気となったりする。こうしてその人《ひと》を精神分析《せいしんぶんせき》しただけでは病気は治《なお》らない。本人《ほんにん》を説《せっ》

婚家先　嫁または婿となって入籍した家

岳父母（がくふぼ）「岳父」は妻の父であるが、ここでは配偶者の両親

得《とく》して、本人《ほんにん》の不平《ふへい》や憎《にく》みを捨《す》てさせねばならぬ。「ここが私の家《いえ》である、どんな苦しみであろうがどんな悪いところであろうが私の家である、私が受けてそれを改善《かいぜん》してゆくしか道《みち》がないのである」そう思って、受くべきものを受けてしまう心境《しんきょう》にならせたときに、そしてそれを感謝《かんしゃ》の念《ねん》に変えしめた時《とき》に苦しみというものが消えてしまうのである。これが和解《わかい》の真理《しんり》の応用《おうよう》である。和解の真理というものは、都合《つごう》のいいことだけに和解しているのじゃ足りないのであって、悪く見えるものをもそのまま素直《すなお》に受けて拝《おが》む。痛《いた》み来《きた》れば痛みに礼《らい》し、熱来《ねつきた》れば熱に礼《らい》し、下痢来《げりきた》れば下痢に礼《らい》し、如何《いか》なる症状《しょうじょう》をも敵《てき》と思わず、自然療能《しぜんりょうのう》の催《もよお》しなりとして感謝して受けるのである——この心境に導《みちび》くとき、病《やまい》が消える。カリエスが消え、癌《がん》が消える。精《せい》神分析《しんぶんせき》は、分析《ぶんせき》の仕荒《しあら》しだけではいかぬのである。最後《さいご》は「天地一切《てんちいっさい》のものに和解し、感謝せよ」という宗教的心境《しゅうきょうてきしんきょう》にまで誘導《ゆうどう》することが必要《ひつよう》なのである。神経性心悸亢進症《しんけいせいしんきこうしんしょう》などは心臓《しんぞう》の動悸《どうき》を恐怖《きょうふ》していたのを、一転《いってん》して

自然療能　人間に備わっている、自ら病気を治す力

分析の仕荒し　フロイドが用いた語。精神分析療法に未熟な医師が患者に告げた言葉によって却って患者の苦悩を誘発すること。著者も『人間性の解剖』や『精神科学』誌等で言及している

心悸亢進症　心臓の拍動数が異常に増える疾患

動悸　心臓の鼓動が通常より激しい状態

「心臓《しんぞう》が動悸《どうき》しているので血が循《めぐ》っているのである。有難《ありがと》うございます」と感謝《かんしゃ》の言葉を唱《とな》えさせるだけで治《なお》ってしまった実例《じつれい》がある。以前樺太《いぜんからふと》の敷香《しすか》町《まち》の巡査《じゅんさ》をしていた星平治《ほしへいじ》という人《ひと》の如《ごと》きは札幌医大《さっぽろいだい》で両腎臓《りょうじんぞう》が結核《けっかく》に冒《おか》されているから治療《ちりょう》の道《みち》なしと宣言《せんげん》せられたのを、腎臓の疼痛毎《とうつうごと》に「自然《しぜん》療能博士《りょうのうはくし》が治《なお》して下《くだ》さる信号《しんごう》だ、ありがとうございます」とその疼痛に感謝し妻《つま》に和解《わかい》するように指導《しどう》しただけで治《なお》ってしまい、戦争中召集《せんそうちゅうしょうしゅう》されて満洲《まんしゅう》へ三年《ねん》も従軍《じゅうぐん》していて何等病気《なんらびょうき》が再発《さいはつ》しなかったと報告《ほうこく》せられる実例もある。腎臓の病気も夫婦《ふうふ》の心的葛藤《しんてきかっとう》から来るのであるから、それを調和《ちょうわ》させたとき治《なお》った実例は多い。

八月二十九日

「吾《わ》れに対《むか》いて主《しゅ》よ主よという者《もの》必《かなら》ずしも天国《てんごく》に入《い》るに非《あら》ず」とイエスはいった。

樺太　北海道の北方に南北に長く連なる島。ロシア名サハリン。日露戦争の結果、明治三十八年に北緯五十度以南が日本領となった。昭和二十年にソ連の侵攻を受け、現在はロシア領に編入されている

敷香町　日本統治時代の樺太庁敷香支庁の所在地。現在はロシア連邦サハリン州ポロナイスク

疼痛　うずく痛み

満洲　中国大陸の東北地方一帯。昭和七年、日本はこの地に、五族共和（満洲族・漢族・モンゴル族・ウイグル族・チベット族）を理念として満洲国を建国した

葛藤　かずらや藤のつるのように、もつれていがみ合うこと

頭注版㊳六七頁

「吾れに対いて…」『新約聖書』「マタイ伝」第七章にあるイエスの言葉

蓄音機《ちくおんき》のレコードのように「南無阿弥陀仏《なむあみだぶつ》」と機械的《きかいてき》に称《とな》えるだけでは救《すく》われぬ。阿弥陀仏《あみだぶつ》に南無《なむ》(帰命《きみょう》)しなければならぬのである。「阿弥陀様《あみださま》、阿弥陀様《あみださま》、阿弥陀仏様《あみだぶつさま》、あなたの無量寿《むりょうじゅ》と私のいのちとは一体《いったい》です。私はあなたの無量寿《むりょうじゅ》のいのちの中《なか》に融《と》け込《こ》んでいるのです。今本当《いまほんとう》に融け込んでいるのです！　だから私の命《いのち》も無量寿《むりょうじゅ》なのです！」こういう意味《いみ》が本当に「南無阿弥陀仏《なむあみだぶつ》」の称名《しょうみょう》の意義《いぎ》である。

心に深き意味の伴《ともな》わない念仏《ねんぶつ》は、唇念仏《くちびるねんぶつ》であり、蓄音機念仏《ちくおんきねんぶつ》であり、唇《くちびる》だけが、蓄音機だけが極楽浄土《ごくらくじょうど》へ行《ゆ》くであろう。

八月三十日

明瞭《めいりょう》に語られたる言葉は、曖昧《あいまい》に念《ねん》ぜられたる言葉よりも実現力《じつげんりょく》は強いのである。

合掌瞑目神想観《がっしょうめいもくしんそうかん》の形式《けいしき》をとり、自分《じぶん》の耳に聞《き》こえる程《ほど》の声《こえ》を以《もっ》て、次の如《ごと》

蓄音機　レコードの溝に針を落として音声を再生する装置。一八七七年にエジソンが実用化させた

レコード　螺旋状の溝に音声を記録した円盤。コンパクトディスク(CD)が普及するまで広く使われた

帰命　仏教語。教えを信じ、従うこと

無量寿　永遠に続く生命

称名　阿弥陀仏の名を口にとなえること

頭注版㊳六八頁

く誦《とな》えることは自己内在《じこないざい》の無限《むげん》の力《ちから》を自覚《じかく》する上に効果《こうか》がある。

「神はすべてのものを我《われ》に与え給《たま》えり、有難《ありがと》うございます。（十回《かい》）
神は無限《むげん》の智慧《ちえ》を我《われ》に与え給《たま》えり、有難《ありがと》うございます。（十回）
神は無限の愛を以《もっ》て我《われ》を護《まも》り給《たま》えり、有難《ありがと》うございます。（十回）
神は無限の生命《いのち》を我《われ》に与え給《たま》えり、有難《ありがと》うございます。（十回）」

十回には限《かぎ》らないのであるが、あまり永《なが》いのも長時間《ちょうじかん》かかるし、短くても感銘《かんめい》が浅くなる。十回と限定《げんてい》したのはそのためである。敬虔《けいけん》の念《ねん》を起《おこ》すために合掌《がっしょう》の形式《けいしき》をとっているから、一回称《かいとな》えれば、右手の拇指《おやゆび》に軽く力《ちから》を入れ相対《あいたい》する拇指《おやゆび》を押し、二回称《とな》えれば右手の人差指《ひとさしゆび》に軽く力を入れて相対《あいたい》する指を押し、順次《じゅんじ》に中指《なかゆび》、紅差指《べにさしゆび》、小指《こゆび》と移《うつ》り、更《さら》に左手の拇指《おやゆび》より始めて左手の小指《こゆび》に到《いた》りて、終《おわ》れば合掌のまま、数《かず》のことを考えて意識《いしき》を複雑《ふくざつ》にすることなしに十回称《とな》え終《おわ》れるのである。「有難《ありがと》うございます」と称《とな》える時《とき》は、既《すで》にそれを受けたる感激《かんげき》に浸《ひた》りつつ本当《ほんとう》に有難い気持《きもち》を起《おこ》すのである。

敬虔　うやまいつつしむ気持ちの深いさま

拇指　おやゆび

紅差指　口紅や頬紅を付ける時に使う指。くすりゆび

言葉は単《たん》なる思想《しそう》以上《いじょう》の感情《かんじょう》を招《よ》び起《おこ》し、感情は単なる思想以上の動的創《どうてきそう》化力《かりょく》となるのである。

八月三十一日

「徳《とく》」とは何《なん》であるか、その文字《もじ》の組立《くみたて》によれば「直心《じきしん》を彳《おこな》う」ことである。直心《じきしん》とは素直《すなお》な心である。そのまま素直に有難《ありがた》く受けて、与えられたる条件《じょうけん》に於《お》いて与えられたる使命《しめい》を彳《おこな》うことが「徳《とく》」である。

不幸《ふこう》は一方《いっぽう》で一《ひと》つの形《かたち》を押《お》し込《こ》んで隠《かく》せば他《た》の形で他方《たほう》に顕《あらわ》れる。そのまま素直に受け切ったとき光明化《こうみょうか》するのである。

創化力　形がなかったものを形に現し出す力

頭注版㊳六九頁

「徳」　ここでは文意により、本書執筆当時の旧字体のままとした。「徳」は「悳」とも書く。この字体の「直」の部分が「徳」の旁（つくり）の「心」の上にある字形に変化した

第六十巻索引

＊頻度の多い項目は、その項目を定義、説明している箇所を主に抽出した。
＊関連する項目は→で参照を促した。
＊一つの項目に複数の索引項目がある場合は、一部例外を除き、一つの項目にのみ頁数を入れ、他の項目には→のみを入れ、矢印で示された項目で頁数を確認できるよう促した。（例　「人間の愛」「日本精神」等）

〔え〕

〔お〕

〔か〕

〔き〕

〔く〕

〔け〕

〔こ〕

〔さ〕

〔し〕

〔そ〕

〔た〕

〔ち〕

〔つ〕

〔て〕

〔と〕

〔な〕

〔に〕

〔ね〕

〔の〕

〔ふ〕

〔へ〕

〔ほ〕

〔ゆ〕

〔よ〕

〔ら〕

〔り〕

箴言・真理の言葉

新編《しんぺん》　生命《せいめい》の實相《じっそう》　第六十巻　幸福篇《こうふくへん》

日輪《にちりん》めぐる（中）

令和六年一月十五日　初版発行

著　者　谷口雅春《たにぐちまさはる》

責任編集　公益財団法人 生長の家社会事業団
谷口雅春著作編纂委員会

発行者　白水春人

発行所　株式会社 光明思想社
〒一〇三―〇〇〇四
東京都中央区東日本橋二―二七―九　初音森ビル10F
電話〇三―五八二九―六五八一
郵便振替〇〇一二〇―六―五〇三〇二八

装　幀　松本 桂
本文組版　ショービ
印刷・製本　TOPPAN株式会社
カバー・扉彫刻　服部仁郎作「神像」©Iwao Hattori,1954

ISBN978-4-86700-051-9

光明思想社の本

谷口雅春著

新編 生命の實相

責任編集 公益財団法人生長の家社会事業団 谷口雅春著作編纂委員会

〝永遠のベストセラー〟！ 数限りない人々を救い続けてきた

- 第一巻 総説篇 七つの光明宣言
  光明篇 生命に到る道
- 第二巻 実相篇 光明の真理（上）
- 第三巻 実相篇 光明の真理（中）
- 第四巻 実相篇 光明の真理（下）
- 第五巻 生命篇 生命円相の真理（上）
- 第六巻 生命篇 生命円相の真理（中）
- 第七巻 生命篇 生命円相の真理（下）
- 第八巻 聖霊篇 燃えさかる聖霊の火（上）
- 第九巻 聖霊篇 燃えさかる聖霊の火（中）
- 第十巻 聖霊篇 燃えさかる聖霊の火（下）
- 第十一巻 実証篇 生長の家の奇蹟について
  精神分析篇 精神分析による心の研究
- 第十二巻 生活篇 「生長の家」の生き方（上）
- 第十三巻 生活篇 「生長の家」の生き方（下）
- 第十四巻 観行篇 神想観実修本義（上）
- 第十五巻 観行篇 神想観実修本義（下）

- 第十六巻 霊界篇 霊界と死後の生活（上）
- 第十七巻 霊界篇 霊界と死後の生活（中）
- 第十八巻 霊界篇 霊界と死後の生活（下）
- 第十九巻 万教帰一篇 真理の扉を開く（上）
- 第二十巻 万教帰一篇 真理の扉を開く（中）
- 第二十一巻 万教帰一篇 真理の扉を開く（下）
- 第二十二巻 教育篇 「生長の家」の児童教育法
- 第二十三巻 倫理篇 永遠価値の生活学（上）
- 第二十四巻 倫理篇 永遠価値の生活学（下）
- 第二十五巻 人生問答篇 人生の悩みを解く（上）
- 第二十六巻 人生問答篇 人生の悩みを解く（中）
- 第二十七巻 人生問答篇 人生の悩みを解く（下）
- 第二十八巻 宗教問答篇 人生の悩みに答う（上）
- 第二十九巻 宗教問答篇 人生の悩みに答う（中）
- 第三十巻 宗教問答続篇 人生の悩みに答う（下）
- 第三十一巻 自伝篇 神示を受くる迄（上）
- 第三十二巻 自伝篇 神示を受くる迄（中）

各巻定価 1,676円（本体1,524 円+税10%）

定価は令和五年十二月一日現在のものです。品切れの際はご容赦ください。

小社ホームページ http://www.komyoushisousha.co.jp/

光明思想社の本

第三十三巻 自伝篇 神示を受くる迄（下）
第三十四巻 聖詩篇 生長の家の歌
第三十五巻 聖語篇 智慧の言葉
第三十六巻 経典篇 聖経『甘露の法雨』講義
第三十六巻 経典篇 聖経『天使の言葉』講義（上）
第三十七巻 経典篇 聖経『甘露の法雨』講義
第三十七巻 経典篇 聖経『天使の言葉』講義（下）
常楽篇 久遠常楽の生活
参考篇 心が肉体に及ぼす力
第三十八巻 質疑篇 真理の応用及び拾遺
第三十九巻 教育実践篇 人間を作る法（上）
第四十巻 教育実践篇 人間を作る法（中）
第四十一巻 教育実践篇 人間を作る法（下）
第四十二巻 久遠仏性篇 常楽宗教の提唱（上）
第四十三巻 久遠仏性篇 常楽宗教の提唱（中）
久遠仏性篇 常楽宗教の提唱（下）
第四十四巻 真理体験篇 近眼・色盲等は治るか
第四十五巻 女性教育篇 母・妻・娘の聖書（上）
第四十六巻 女性教育篇 母・妻・娘の聖書（下）
第四十七巻 児童教育篇 子供への光

第四十八巻 聖典講義篇 山上の垂訓の示す真理
第四十九巻 宗教戯曲篇 耶蘇伝・釈迦と維摩詰・月愛三昧（上）
第五十巻 宗教戯曲篇 耶蘇伝・釈迦と維摩詰・月愛三昧（中）
第五十一巻 宗教戯曲篇 耶蘇伝・釈迦と維摩詰・月愛三昧（下）
第五十二巻 随喜篇 把住と放行（上）
第五十三巻 随喜篇 把住と放行（下）
第五十四巻 道場篇 弁道聴き書き（上）
第五十五巻 道場篇 弁道聴き書き（下）
第五十六巻 下化衆生篇 哲学の実践
第五十七巻 幸福生活篇 幸福生活への根本真理
第五十八巻 功徳篇 宝樹華果多し
第五十九巻 幸福篇 日輪めぐる（上）
第六十巻 幸福篇 日輪めぐる（中）
（以下続刊）
第六十一巻 幸福篇 日輪めぐる（下）
第六十二巻 仏教篇 いのちの解脱（上）
第六十三巻 仏教篇 いのちの解脱（下）
第六十四巻 家庭教育篇 家庭と教育の基礎（上）
第六十五巻 家庭教育篇 家庭と教育の基礎（下）

各巻定価 1,676円（本体1,524 円+税10%）

定価は令和五年十二月一日現在のものです。品切れの際はご容赦ください。
小社ホームページ http://www.komyoushisousha.co.jp/